THIS IS
NOT
FASHION

这不是时尚：
街头服饰的过去、现在和未来

THIS IS NOT FASHION:
streetwear past, present and future

〔英〕金·ADZ
〔英〕威尔玛·斯通 著

King ADZ
Wilma Stone

周义 译

本书含340幅插图

重庆大学出版社

第 2 页：索韦托的溜冰者，2014 年。King ADZ 拍摄。
右：黑色单宁发起的 *Gazette* 杂志的详情（另请参阅第 66 页）

目录

前言

自我创办Whistles40年以来，我认为街头时尚并未发生太大变化。我的员工来自皇家艺术学院和圣马丁艺术学院，Whistles这个品牌很年轻，很街头。当时与我一起打拼的有设计师Wendy Dagworthy（后成为皇家艺术学院时装系主任）和公关专家Lynne Franks。那是新浪漫主义的时代，也是布法罗发展的早期。我受音乐行业、艺术院校和街头艺术的影响颇深（我周围都是音乐人和艺术系学生）。同时，我也受到美国街头服饰、工作服以及军队盈余品的影响。Whistles的诞生并非有意为之。这一切真的只是偶然。我们只是抱着玩票的心态，并没有太大的抱负。

Whistles售出的第一批衣服是繁复精美的洛可可手工编织毛衣，卖得不便宜。我们把毛衣与Smith Workwear多种颜色的牛仔单品搭配。当时我没钱大量进货，所以只能在店里出售这些好看的毛衣。毛衣的售价是150英镑和300英镑，在20世纪70年代这个价格并不便宜。但Whistles向来是平等主义者，我们把价格昂贵的商品与染成不同颜色的牛仔裤、运动鞋，以及在教堂街市场（Chapel Market）定制的男士领带，放在一起卖。因为大家都不富裕，所以一切都来自街头，不断地回收、定制。

我是从南非来到伦敦的，所以一切对我来说都是新的，因为我无从参考。我比较随心所欲，不会长时间把心思放在一样东西上，比较擅长在无意间发现趋势。这不是因为我一直在处心积虑找寻趋势，而是因为我很容易感到厌倦。在制作品牌系列时，我们从不参考时装秀，而是着眼于他处：我的南非背景赋予我不同的视角。还有就是，我们无意强调富贵感，这点很重要：我们想从旧事物中找寻新意，兼容并蓄，打造自身风格。

Whistles是第一家出售Birkenstock鞋和Timberland靴子的商店。我为它们配上短袜、美丽复古的带天鹅绒饰边的裙子，以及开襟衫。这比Marc Jacobs为Perry Ellis设计的Grunge系列要早得多（当时他被解雇了，因为该系列过于标新立异）。Whistles在德国举办了一场时尚秀，彼时我们并没意识到Birkenstock是一个专为登山者和探险者制作的德国品牌，德国人还以为我们（这样搭配）疯了。

这些事不是靠我一人就能做成的，因为我只是一个造型师：我只是挑选、搭配、重新染色，让打造整个造型水到渠成，仅此而已。我不是设计师。35年前，我开始去日本和洛杉矶，买一些"非本土产"的服装，以及一些面料来自己做衣服。我买的古着工作服充满了街头感和质朴的气息，尽管它们与时尚毫无关系。我一直这么做，直到厌倦了，转向其他兴趣为止。只要我愿意，我可以买一千套连体工作服、工装裤、Smith或Levi's牛仔裤，重新染色后马上就能一售而空。我会用很有意思的方式把它们搭配起来，或者经过适当剪切，使它们看上去跟当时的流行风格完全不同。我从街头得到灵感。我并不是为了赚钱，只是想做自己喜欢的事，认识有趣的、有创造力的人。当时，伦敦时装周才刚刚开始举办。

关于作者

Lucille Lewin于1976年创立了英国服饰精品店Whistles，后担任伦敦Liberty商店的创意总监，她现在是一位陶瓷艺术家。

如今，一切都是品牌说话。这更像是一个大众营销行业。"地下"品牌已不再像以前那样占有一席之地。时尚已经成为产品的俘虏。现在每个品牌都只为输出产品。我甚至不喜欢使用"品牌"一词。实际上，任何人都不可以在 Whistles 使用这个词，而我也在努力使 Liberty 不被品牌所围。"品牌"是最丑陋的字眼，它令你失去一切你想要传达的诗意和温柔。

产品开发是通过提炼每个人想要的东西来实现的，它或是适合某种特定的生活方式，或是能被用户所属群体所接受。举个例子，机车夹克从一种实用外套发展成为高级时尚单品，各个价位的都有。想要发现每个人想要的是什么，你只需要仔细观察某些人已经拥有的东西。然而，紧跟时代潮流其实很难。

就个人而言，我喜欢从艺术和诗歌等领域入手，而不是从品牌入手。我的建议是从自身出发去创造，而不是为了迎合纷纷扰扰的市场（市场是善变的，最终只会令你孤立无援）。必须对此深信不疑，然后你才能随机应变。坚持你所知的和所爱的，发展属于你的文化基因，并确保一切创造都围绕文化基因进行。不为产品所惑，追求本真，这就是本书的核心。

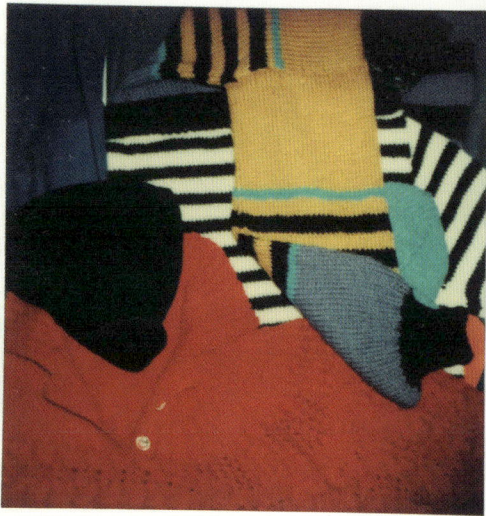

右侧及对页

色彩鲜艳的条纹针织衫和条纹拼接针织衫（右上图及对页右下图）；Ragence Lam 的高腰陀螺裤（对页上图）；Lucille Lewin 的圆顶硬礼帽，旁边是疯狂的羽毛剪裁（右）。图上的这些服饰如今都已被大众所接受。

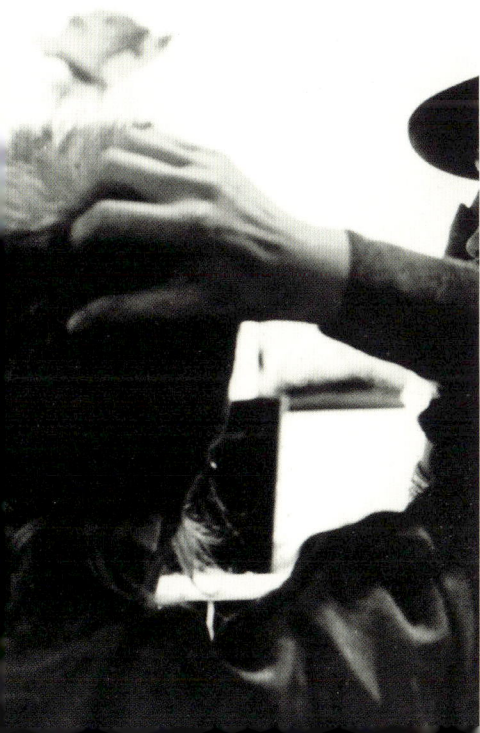

009

导论

KING ADZ 20世纪70年代，我妈妈给我精心挑选的衣服永远都是典型的白人新教徒风格，隐隐约约透出一丝中产阶级的气息，让我头疼不已。我穿着喇叭裤（当时流行的是直筒裤，我的穿着与当时的流行正好相反），腰上系着双色弹性蛇皮纹腰带，脚上穿的是最讨厌的Clarks笨重的系带鞋（从不系鞋带）；然而假如当时有人告诉我，隔壁Kingston的Roots Rock Reggae Generals也穿这双鞋，我可能就会从抱怨变成兴奋；外套则是红色或蓝色（永远没有军绿色）的山寨Peter Storm防风衣，在湖区（Lake District）度假时它害得我汗流浃背，所以我也特别讨厌它。

回过头来看，潮流单品一直都在循环往复、交替出现；因为时尚是个圈，过去的风格总有翻红的一天。然而它们之所以"时尚"并不是因为其风格或剪裁，而在于文化的后续效应：或是所依托的文化背景，或是导致其成形的源头文化。这种后续效应极大地影响了大众对于特定服饰单品的看法。这是现在这个被称为"街头服饰"的行业的原点，也是本书的起点。

当时，我希望自己的衣服能够展现我内心的感觉、反映出我眼中的世界：比如一件能让所有人知道我被麻木的郊区生活气出了满腹怒火的衬衫。然而，这样的衣服在我的世界中根本不存在；即使有，我也买不到。就在这个时期，我不知道的是看似平静的水面下开始涌动起一股新的暗流：对时尚有不同观点的地下人士缝制的包袋、被排斥的人制作的手工印花T恤。总之，尽管大家都是单打独斗、毫无联系，但是做的事情特别有范儿。当时这个行业还没有成形，也没有出现这样的商品：了解它、穿上身，然后感受真正的归属感。

20世纪80年代末期，我在不同圈子间进进出出：圣马丁艺术学院（Saint Martin's School of Art）、The Wag、Brain Club、肯森顿市场（Kensington Market）、Camden镇Electric Ballroom里的周日市场（Sunday Market）和Ladbroke Grove的253 Culture Shack——我发现市场上开始出现能够与我产生共鸣的服饰商品了：看中了一件商品，然后感觉"我看到了自己的影子在里面！"我见证的正是街头服饰行业的起步时期，它最终将改写全球时尚版图，也将彻底改变我的人生轨迹。

20世纪80年代，有一段时间我经常去哈福德郡（Hertfordshire）的Old Verulamiums橄榄球俱乐部跳迪斯科，每次都喝得酩酊大醉，然而这段时光对我今后的道路产生了巨大影响。正如你所想的那样，俱乐部里挤满了十几岁的橄榄球手，每个都不太聪明的样子。有一天，我穿了一双白色的耐克McEnroes鞋（官方名称是Nike Challenge Court），上面有一个银色的勾形标志。当时什么也没想，但是进俱乐部才不到10分钟，我的鞋就成了话题中心。总有人过来问我："你是变成黑人了吗?"（Have you turned black? 或者类似的问题）。他们的反应十分强烈。舞会上几乎人人都在谈论我的鞋。我知道我在用这双耐克表达我的态度—我试着颠覆某种造型——但是引发这么剧烈的反应是我没有预料到的。没过多久，我就被"请出去"了，因为我背叛了我中产阶级白人家庭小孩的身份（类似这样的意思）。然后一切又都回归到让我深恶痛绝的老样子。终于有一天我爆发了，头也不回地去伦敦学习艺术，永远地背叛了我的出身。

街头服饰的出现并非意外，而是必然。我们这样的人需要专属于我们的产品……几乎每个人买的第一件街头服饰都是T恤。我的是一件Stüssy Bob Marley，上面印着Stüssy特有风格的"Feeling Pretty Darn Irie!! Get Up & Skank to da Rydim!!!"手写字样。这件T恤改变了我的人生，因为它在一件衣服里融合了雷鬼、滑板和街头文化等多种元素，而这些都是我所喜欢的。遇见这件衣服的时刻刚刚好，它完美表达了我当时对各种文化的认识和喜好。我会为它搭配一条Carhartt木匠牛仔裤，以及一双绿色条纹+绿色后标的阿迪达斯贝壳头（自那以后我就不穿耐克了）。

1992年我成了艺术总监，我的第一个商业项目是为Bone Idol［一家位于布莱顿（Brighton）的冲浪和

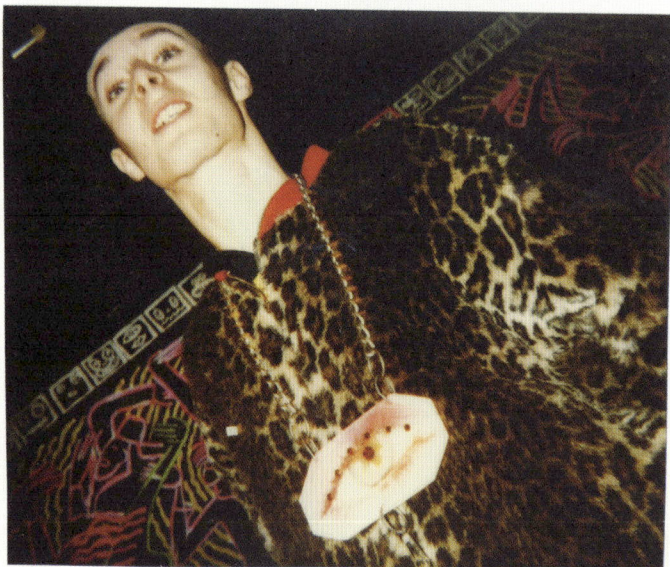

"We're Easy-A" got: "Swing beat, hip-hop beat pop beat...

The world famous temple of Shaolin: Maxin' + Relaxin'

10 页

即使距离马里首都有 5 个小时的车程，年轻人依然很时髦。

本页

ADZ 试穿的可能是 *i-D* 杂志 1989 年在 Brain Club 拍照中用到的衣服（左）；"The World Famous Temple of Shaolin" 摆出了可笑的公牛站姿（下）。

对页

原版 Stüssy Bob Marley T 恤，ADZ 一直穿到破。

滑板服饰公司］做设计。我的其中一件作品被选作了T恤和运动衫的印花图案，并印在了滑板的底部，对我这样一个热爱街头服饰的人而言，这是我一生中的高光时刻。到了1997年，我和Wilma带着孩子一起搬到了开普敦（Cape Town），在那里我们俩创立了自己的滑板服饰公司100proof，真正开启了我们的街头服饰事业。开普敦拥有丰富的原创街头文化，因此在街头文化领域颇具影响力。这些本土文化大多源自当地一个叫Cape Flats的地方，包括Athlone、Kensington和Bishop Lavis等社区，以及一些更远镇区，如索韦托（Soweto）和乌姆拉锡（Umlazi）——那里也将是本书的终章。

发言完毕，有请Wilma。

WILMA STONE 我的成长经历与其他人大同小异——毫无审美可言的父母，"用力打扮"的尴尬和永远糟糕的造型。直到13岁能够自己赚钱时，我才真正体会到了为自己买衣服的乐趣，我再也不用与妈妈争吵要买什么衣服了。那太恐怖了……

我很早就能轻松假扮自己已经满16岁了，放假期间就骗到了廉价服装店店员的工作，另外我还和朋友一起在一家青少年迪厅（总的来说就是一家开门时间早、出售软饮料的夜间俱乐部）打工。这家位于布拉福德（Bradford）的名为"Time and Place"的迪厅成了我生活的中心。我的工作时间是周五到周日，有时在吧台、有时在衣帽间，因此认识了很多人。几年后再想起这个地方真的觉得很神奇：一群小孩子为了三间配备了独立音响系统的主厅而聚到了一起。一间是"朋克/精神摇滚厅"（punk/psychobilly room），里面的人梳着莫西干头或留着平头，穿着短厚外衣（donkey jacket）和马丁靴（Dr. Martens）；旁边是俗气的"chart room"[只是进去一下就会发现糟糕透顶；这是我第一次听到 Sissy that walk 这首歌，学会"来个大的"（give it large），那时还要一路特别拽地穿过舞池去上厕所]；楼上是"街舞厅"（breakdancing room），一大群男生站成一圈，一个人在做头旋，其他人大喊助兴，但不是所有人都穿着阿迪达斯运动服：我记得清清楚楚，有一个人从头到脚穿了一整套 Burberry 格纹，还拿了把手杖一样的雨伞，简直帅极了[这是在 chav（爱穿运动服、具有反社会倾向的社会底层年轻人）泛滥成灾的几年之前]。谁能想到这样的人会出现在布拉福德。如果你来过这里，你会明白我的意思。

衣服是这里的头等大事。它代表着你属于哪个厅，对于那些满脑子都是划地盘的男生来说尤为重要。女孩子则是三个厅随便去；我们工作人员则被称为"the blonde bitches"（金发妞儿），可以随便接近我们喜欢的男生，不管他在哪个厅。别扯远了，就此打住。

为了穿得好看，我必须自己动手、丰衣足食。衣服不够，创意来凑。我还记得自己穿着爸爸的秋裤，然后搭配一件睡衣和一双布洛克鞋（现在这套在任何高街时尚品牌都买得到，充分证明时尚是个圈，同样的东西在不停循环）。我学会了用缝纫机，尽管经常抱怨它不好用。买"二手货"是不得已而为之，与现在"古着"的精致包装、舒适体验大相径庭。如果当时我能用上eBay，我肯定能炸翻全场。

我在19岁的时候遇到了ADZ，当时我们都在伦敦上学，我买了人生第一双贝壳头（在我的R.Soles牛仔靴被扔进垃圾桶后），比女生穿运动鞋流行起来还早了好几年，不过我特别欣赏街头服饰这种雌雄同体的风格。生完孩子后我给自己剃了光头，下定决心这辈子再也不要以大众眼中孩子母亲的形象出现，也绝不会让孩子穿那种一看就是妈妈选的衣服。随处可见的廉价服装店彻底改变了城市里人们的穿衣方式。你完全可以为刚会走路的小孩子买到全套"街头"服饰。一大一小的亲子装满街都是，高帮鞋、紧身牛仔裤，什么都一样。今天的孩子是父母的时尚饰品，向全世界展示着爸爸妈妈们的品牌喜好和"追求设计的高级品位"。

对页

1992年Wilma和ADZ在布莱顿。ADZ的造型像嬉皮士卡车司机，Wilma穿了一件表面粗糙的羊皮外套，两个人的内搭都是扣好扣子的牛仔服；14岁的Wilma穿着小礼服、礼服衬衫、滑雪裤、pixie靴子，搭配印花领带和腰带，正要去布拉福德的Time and Place工作，这一身混搭很摇滚范儿；1997年在开普敦（Cape Town）的Wilma，穿着100proof全数码印花T恤。

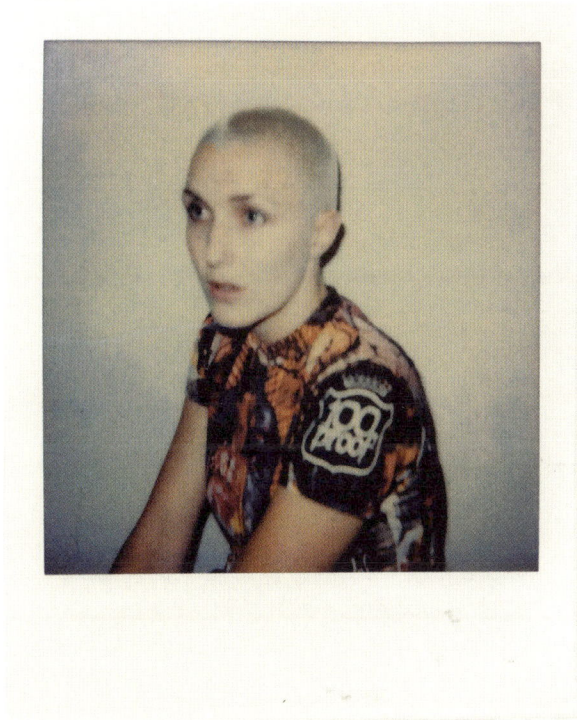

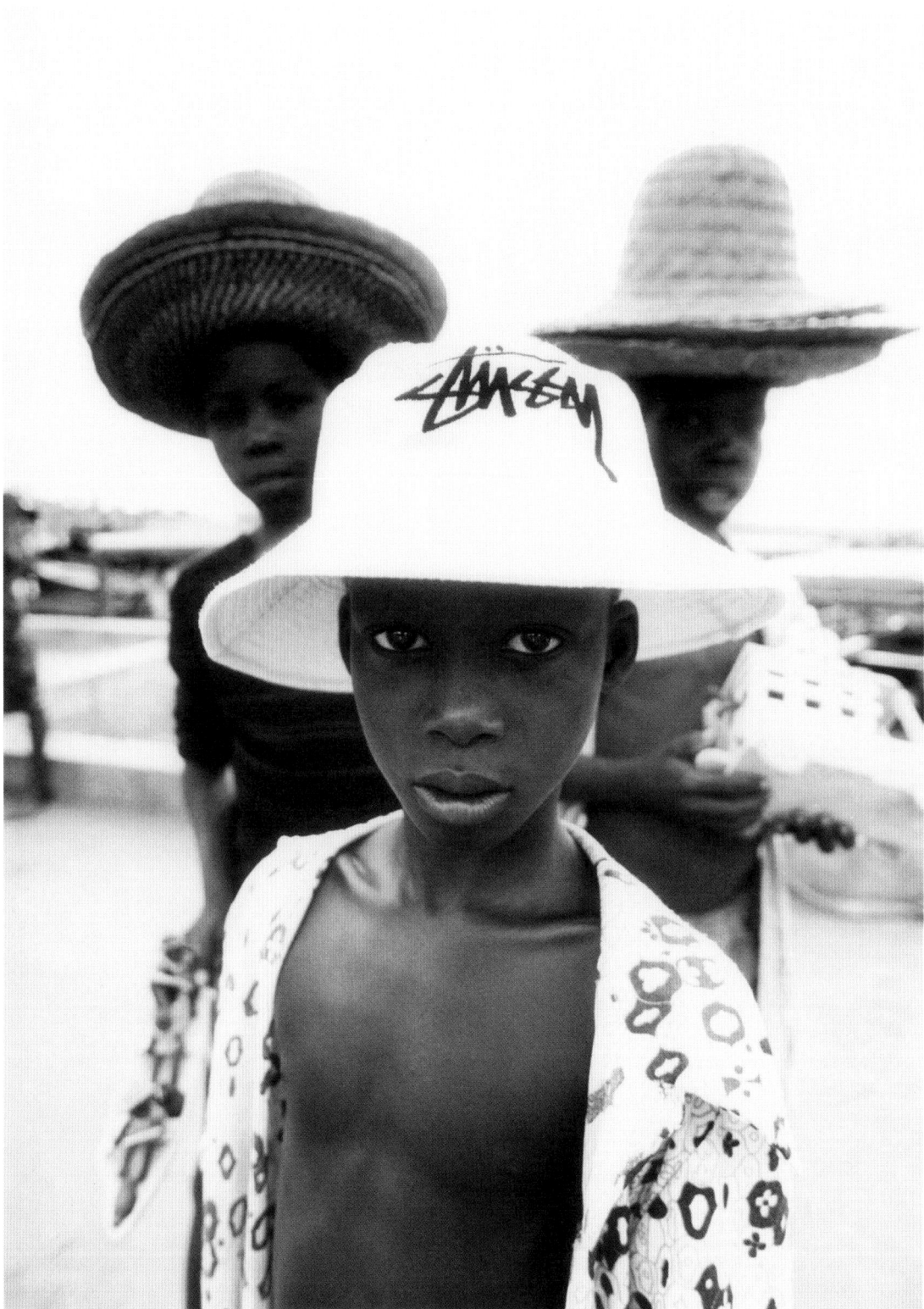

现在我们深陷困境，必须找到出路，回归文化的真实性，摆脱被量产服装所代表的局面；这种衣服从来都是穿几天就扔。回归真实需要时间和努力，我认为这对当代城市风格至关重要，这也是我们希望通过本书传达的信息。我们现在很幸运地拥有了数十年的古着积累可供我们研究，所以我们会沿着街头服饰的发展历史，回顾各大品牌的成绩和它们在文化中的作用；通过把散落在各处的信息一块块拼起来，用历史证明喜新厌旧其实没有必要……接下来，请跟随我们探究为什么街头服饰并非时尚。

本书展现了兼具原创性与唯一性的街头服饰文化40年来的发展历程，详细记录了人物、事件、时间、地点、原因等信息。这场旅程的起点是1972年的美国泽西市（Jersey City），从这里燃起的星星之火，最终席卷了美国乃至全球。街头服饰形态多样、影响巨大；但本书的构思重点是杂志爱好者和小众亚文化群体在卧室里的手工DIY服饰，比如英国的Bromley Contingent，以及纽约市中心（Downtown）艺术圈的各种跨文化背景艺术家，本书在后面会详细展开。尽管分处大西洋的两端，美国、英国有着共同的文化触及点：一个是朋克文化的诞生地，另一个在推动涂鸦艺术全球化的过程中发挥了重要作用。

我们与Shawn Stussy取得了联系，就是他设计了那件改变ADZ一生的T恤。当我们问到他自己最喜欢的街头服饰是哪个品牌时，他很简单地回了一句："我不追街头服饰。"（I do not follow streetwear.）这是我们得到的第一个关于街头服饰的洞见。不要跟随、不要照抄，只须全身心地投入你以之为信仰的文化；这也是我们写这本书的初衷。

街头服饰的影响力越来越大。不论是便宜的低端杂牌，还是顶级奢侈大牌，街头服饰的影响无处不在，因为它能够吸引到年龄较大的消费者，比如那些伴随着这些文化长大、现在已经人到中年、为人父母的顾客群体。我们将成为第一代把运动鞋穿一辈子的人。光阴飞逝，一转眼发号施令的权利轮转到了我们手中。我们是决策者、是专家，有权利决定衣服与生活方式的匹配关系。因此，街头服饰元素出现在了高定秀场上，未来也将如此。运动品牌也日益仰仗街头服饰的影响力来维持自身市场份额，尽管整体上各家为了迎合（潮流）发起人，不断提高造型的定制化程度。

写下这些文字时，我们俩的着装是：穿了10年、满是油漆渍和墨渍的PRO-Keds鞋，一条男款Hilfiger牛仔裤，一件瑞典某个牌子的运动款T恤，一件Soweto手工飞行员夹克（Wilma）；一件旧的Lacoste灰色V领美利奴羊毛衫，一条Levi's510s牛仔裤，一件SHUT Skates T恤和一双Vans Half-Cab Pros鞋（ADZ）。

闲言少叙，正文开始。
坐稳扶好，马上起程。

爱与和平（Peace+Love）
King ADZ + Wilma Stone

对页
ADZ和Wilma非常喜欢的Stüssy广告，David Dobson摄影作品；Stüssy International Tribe中的西非篇（West African Chapter）所展现的街头服饰。

背面
街头服饰教父：Patta #SSS, Ladies Editorial 2016夏季刊，Semuel Souhuwat摄影作品。

街头服饰的定义

*2011—2018年担任Louis Vuitton男装艺术总监，现任Dior男装艺术总监。——译者注

"如果你放眼今天的时尚，
就会发现街头服饰是一切的起源……"

Kim Jones*，Louis Vuitton男装艺术总监

如何定义街头服饰？广义来讲，街头服饰是一种"流行趋势"，它改变了美国的零售业，而后进一步席卷了全世界。它以亚文化风格颠覆主流，进而发展成几十亿美元的产业。街头文化原本定义了一种生活和思考方式，但随着它逐渐成为一种跨文化现象，涵盖的远远不只服饰而已；它以不断变化的方式促进文化兼容，激活更深层的情感体验，通过配饰、定制、颜色搭配和创作讴歌性能、美观、情感还有设计师的抱负。街头服饰曾经是财富、成功和社会地位的象征，也用作装扮气势的盔甲和工具。即便如此，它仍是年轻、乐观、积极向上的。它从耍酷的艺术不断进化，成为现今举足轻重、影响深远、快速扩张的时尚风格。

尽管街头服装业的一小部分群体被认为是大男子主义、性别歧视和恐同的，但他们仍然喜欢把自己描绘成这样——具有讽刺意味的是，据报道，streetwear这个词是由非裔美籍同性恋设计师Willi Smith创造的，用来形容他在20世纪70年代设计的廓形休闲装。[1]他与伴侣Laurie Mallet于1976年共同创造了运动服饰品牌Williwear，并成为时尚史上最成功的黑人设计师。

街头服饰最初是由运动服、工作服和军装演变而来的，并通过改善与重构，使它们从原来的用途中解放出来。街头服饰融合了这些不同元素的设计，并将它们重新组合—混搭、搭配—以赋予它们全新意义。现在你还能在任何城市的街道上看到这样的穿搭：灰色运动裤和棒球衫（运动服）、Timberland 靴子（工装），最后以绿色MA-1飞行员夹克（军装）作为点睛之笔。

运动服饰最初是为精英们设计的，在运动休闲时穿着，例如，打猎、骑马、马球、高尔夫、网球和爬山等。它的流行反映了过去几年来人们生活方式的变化，运动服饰不再是精英们的专属。这种服装以宽大的廓形和宽松的剪裁为代表，强调舒适、休闲和实用性（例如，在极端天气保护身体的同时保持轻便，方便活动），大多采用先进科技面料：汗衫布、戈尔特斯、天丝、杜邦棉、氯丁橡胶、莱卡等。同时，镭射切割、网眼，以及其他有孔面料、无缝拼接和高科技拉链等创新设计也都出现在有运动服饰元素的量产时装中。最基础的必备运动服饰有：T恤、运动套装、网球/马球/橄榄球衫、斜纹布裤、防风夹克、西装、棒球帽、网球/高尔夫/板球夹克，以及卫衣。

21 页
你爷爷从来没这么酷过。Nigel Cabourn 穿着Everest派克大衣。
摄影师：Ben Benoliel。

对页
纽约设计师Willi Smith指出迷你裙的长度，这条裙子后来收录在1987年的系列中；模特还穿着一件长款运动上衣。

"在20世纪80年代末的伦敦，人们对在非运动场合穿着运动服饰的接受度相当高。如果这算是一种进步的话，那么它真的发生了。起初，我们去类似巴黎咖啡馆的地方时，会感觉和那里的人的穿着格格不入。本质上而言，我们只是一群喜欢滑板时尚的朋友。那个时候，耐克鞋刚开始流行，在纽约能买到Double Goose夹克，我们穿着Air Jordan篮球鞋。毋庸置疑，这就是一种合理化运动装、登山装、功能服饰或工作服的现象。"

Michael Kopelman，Stüssy 英国总监

工作服可以分为以下几类：牛仔服、木匠牛仔裤、背带裤、格纹衬衫、补丁夹克、防水靴子、防寒夹克、重型夹克还有囚服的细节。20世纪90年代初，Carhartt等工作服品牌在欧洲开始流行，加剧了工作服在街头服饰中的重要性。它们原本是由在美国淘金或铺柏油的男人们穿着的，具有容易获得、耐用的特点。

同样的，在20世纪70年代的一些军品店内也悄然升起一阵零售风潮。军装现在也是时尚风格的一种，它的影响力不断上升，赢得更多人的关注，代表性服饰包括M-65风衣外套、MA-1棒球夹克、美国经典纽扣卡其裤、作战裤/短裤、迷彩花纹、美国海军厚呢短大衣、英国海军牛角扣大衣、皮革飞行员夹克、派克大衣和连体裤。这些单品都在时尚的潮流中时兴时衰，并且未来也会如此。

街头服饰的概念起源自人类对在郊区/城市环境中成长所受创伤的反应：贫穷、剥夺公民选举权、创伤、家庭暴力、离婚、忽视、虐待、心理健康问题、药物依赖、种族歧视、性取向、性别、阶级、宗教、民族划分以及其他类型的镇压和歧视。深深的无力感、劣势和身份意识（或多重交叉的身份定义了我们的自我意识）孵化出了具象的想象力和创造力表现——也是大环境对英国工人阶层，抑或是非裔美国人的压迫引起的一种创伤后反应。

这种风格最初是由不同的群体集合而成的——如饶舌乐迷、便装派、摩登青年、朋克、哥特、滑板青年、酷儿。但今天，身份定义不再局限于一种，也不能再简化为一个维度，而是趋于流动，并且有意地把各种复杂的态度和服饰交织在一起。这一部分是因为文化轰炸，一部分是因为我们能通过网络接触了丰富的多样性，了解到其他人在干什么、穿什么、做什么、看什么和听什么。供过于求的快时尚、社交媒体博主和红人品牌，让我们更有必要了解这些风格现象的起源，服饰的历史与内涵，以及背后的文化、身份和情感。而后我们才能知道时尚对于我们的意义是什么，而不是盲目地购买。

街头文化诞生于无权和隔离所激发的情感，对我们来说，牢记这些至关重要。同时，我们也应该思考街头文化是如何反过来影响全球正义的。如果我们知道穷人们或多或少在亚洲的血汗工厂被奴役，制造我们最爱的街头服饰品牌，那我们就不能参与剥削。快时尚——炫耀式消费文化宣传的理念是把我们从责任中撇开，但我们必须牢记它们来自哪里，如何兴起，以及背后的原因。

"我也很难说是什么让我的品牌如此真实……毕竟这是该由他人来评判的。对此我只能说，我们投入了大量的时间、努力和深沉的爱在我们所做的事情上。这是Patta团队的所有人，以及周围朋友的共同努力才能实现的。Patta最棒。"

Gee，Patta 联合创始人

如今的街头服饰包容了各种亚文化，它们汇聚在一起，给人以认同感、归属感和熟悉感——也就是家的感觉，这也是为何它能够打破种族、年龄和性别的界

上

Stüssy 和 Bape 联名棒球夹克，2011年：这是
一款街头服饰的代表性单品，后背以Stüssy
字体刺绣作为装饰。

"街头文化就是文化本身。我了解的所有东西 —— 关于足球、
音乐、服饰、药物、女孩 —— 都是从同龄人那里学到的……
令人感到悲伤的是，街头文化随着网络愈渐普及，
它们已不再属于'地下'，而是被无情地商品化，
再重新售回给年轻人。拿足球流氓举例子：回到20世纪80年代，
有十年时间媒体都把这类人群讽刺性地描述成带着丝巾的、
穿着马丁靴的光头党，他们留着蹩脚的刘海，
穿着Hush Puppies鞋和Fred Perry衬衫，带着猎鹿帽，
这种光景再也看不到了。一旦某样东西在街头文化出现，
它在变成媒体文化前的保质期就变得十分有限。"

对页

立领红蓝缝线装饰（上）、深蓝染色羊毛夹克
（右），均来自Korean label Document。设计
师Jongsoo Lee；冲出德班，Sanele Cele时尚
品牌Tempracha出品定制牛仔裤，搭配卷起
裤脚设计。

左

100 proof与Stüssy跨界混搭：房间中的J Dilla。

右

Hood By Air示意街头服饰如何运用名字或首字母元素装饰来展示你所穿着的品牌。

限的原因。这些悠久的传统和传承会继续影响下一代人，告诉他们如何在团结、抵抗和在逆境中生存。作为一种日常审美风格，它涉及一种艺术形式的分割和表现，在其他一切都不确定的情况下给人掌控感和真切的幻觉。

> "我理解Stüssy的神话，并且在很多方面我都深有同感——尽管如此，我还是想挑战它，因为当我们回头看，以前的青年文化都是向服装品牌或风格所倾斜。服饰可以说是文化的放大镜……Levi's就是个很好的例子，它把实用性的单品改造后进行大批量生产来迎合流行趋势的口味。同样不可忽视的是Vivienne Westwood，她早期的作品满载朋克文化的气息，很明显这也属于'街头服饰'的范畴。"

David Gensler，街头服饰专家

街头文化就是建立公共团结，它把看似两极分化、分离和分裂的风格融会贯通。街头服饰是一种通过服饰积极表达多层次意识和文化的现象。它体现了一种由不同种族相互影响而形成的生活方式，它们交织在一起，创造了不断循环的时尚风格和产品。所以，虽然社会尝试着给"街头"（="城市"，="黑色人种"，="负面的"）这个词贴标签，限制它，但这种想要定义、关闭和限制它的尝试已经失败了。因为这是在本末倒置，掩盖真相，同时忽视了"街头"对全世界的巨大影响力（当然，这也意味着它被商品化所利用）。将衬衫、夹克、男裤、男鞋等男款工装与传统女装搭配（比如复古婚纱搭配Dr. Martens马丁靴），对性别风格进行解构。这种男装女穿的风格在高街轰动一时，商店里再现了20世纪80年代的衣着，称为"男友风"。

右

因为街头服饰模糊了性别的界限，跨性别购买和穿着时装对风格的发展起到了至关重要的作用。以朋克举例，女生们通过购买Crooks & Castles，展现真我态度。"我的'惊叹时刻'是看到Jay-Z穿着我们的High Society系列出现在《纽约邮报》第6页的时候。"Crooks & Castles创始人Dennis Calvero说。

对页

来自òL New York的Back-lash系列。

"90年代，我剃了头，穿着松垮的木工裤，紧身T恤和滑板鞋，因为我反对Pamela Anderson的审美观。"

Wilma

在过去，无论男女，到了一定年龄就得穿上制服，表示已经定下来并"接受生活"。而这对他们来说，是一段艰辛岁月。大部分的人都是身不由己，来自家庭和社会的压力让反叛的念头毫无还手之力。富豪和浪子不必受此约束，但平民大众不得不放弃时髦的西装、短裙、夏威夷衫、牛仔夹克、大裙摆和古怪斗篷，把自己塞进实用的套装、灯芯绒和运动外套里，这还只是女性的穿法。男士们必须拥有一系列白色或奶油色的尼龙衬衫和领带（中产阶级）或深蓝色的工服（工人阶级），因为他们的大部分时间都在为温饱劳作，需要在衣着上符合自身角色。

街头服饰不断发展，彻底改变了过去。时尚成为精神状态的延伸，无须向世界证明你为了一套卫星城的半独立住宅或一辆福特福克斯汽车已经放弃了一切。街头服饰让你从观念禁锢中解放出来，这也是这场文化运动能够迅猛有力的核心要素。你可以继续穿自己想穿的衣服，好吧，这样的配色方案可能不够出彩，字体和排版也可能并不突出，但你仍是在设计造型，并忠于自己文化DNA偏好的品牌。年龄不受限也创造了更大的市场，如我们所发现，结果有好也有坏。

街头服饰运动因反叛和对身份的探索而生，随着想象力大获全胜而被推入主流，现已成为一种全球现象。让我们来拆解它的各个组成模块……

衣橱必备品

街头服饰可以通过以下衣橱
基本款来定义，这些基本款覆盖了
本书所列的各类风格，已成为高端时尚单品。
所有款式均为中性或无性。
如果想在当下树立自我标签，
这些服饰是一个完美的起点，
它们经受了时间的考验，在将来也不惧时光。

T恤

　　一切因T恤而起。T恤最初是美国的一种内衣。在军队定期发放，逐步走向大众。（这种低价且易洗的服装在1898年美西战争期间首次大规模分发，当时美国海军将其定为标准服装。）第一件有记载的印字T恤出现在1942年《生活》杂志封面，照片中一位魁梧的军人举着一件印有"Air Corp Gunnery School"的紧身T恤（用于宣传）。20年后，反文化运动在20世纪60年代的高潮时期，T恤变成了一张个人广告牌，用于宣告你的抗议。到了70年代，它成了表达幽默的空间，比如印上"我妈妈去（地名）了，我只剩下这件烂T恤"。 80年代，它成为你所喜爱品牌的单品。实际上，T恤是许多街头服饰品牌和潮人的开端。比如，传奇品牌Stüssy的创始人Shawn Stussy开始在T恤上印上他的名字，用于补充他的冲浪板业务。

飞行员夹克（也称为Harrington）

经典设计的飞行员夹克最初制作于曼彻斯特，内有Fraser格纹内衬，伞状裁剪，双拉链口袋。它也被称为Harrington，来自肥皂剧《冷暖人间》中Ryan O'Neal所饰的Rodney Harrington。飞行员夹克也是许多名人的穿着，其中包括The Clash乐队、The Specials乐队、Pete Doherty和Amy Winehouse（来自Fred Perry品牌）。这是音乐界标杆的经典造型，在过去的30年间，各郊区高街都频频效仿。穿着黑色Harrington和短脸靴的平头女孩看起来总是英气十足。

上及右

Baracuta Harrington夹克，由Tack Studio设计。

MA-1夹克

这款夹克以美国空军、陆军和海军飞行员经典款夹克为基础。经典色为鼠尾草绿，出于安全原因，内衬为印度橙色。可翻面穿，以便在飞机下降过程中能在空中被看见。朝鲜战争后，原版夹克在陆军和海军的廉价商店出售。该夹克仍由美国政府最初的供应商Alpha Industries制造。近几年，MA-1广受欢迎，因此，大众市场的品牌开始出售仿制品，甚至和派克外套混搭。同时，这款夹克也在秀场重新引领潮流。2016年，Gucci秀场的真丝走道出现了精美绣制的飞行员夹克，让设计师Alessandro Michele吸引了大量媒体的关注。

上与右
Alpha Industries公司的经典款 MA-1飞行夹克；英国第360飞行中队人员，摄于1945年；英国街头的光头党青少年，Paul Hartnett摄于20世纪80年代；模特Stella Lucia 在巴黎时装周穿着MA-1，摄于2015年。

A-60946 A C

上

韩国设计师郑俊熙个人品牌Juun.J，典型的
前卫态度和精确裁剪，与街道交相辉映。

■
上
Juun.J的MA-1夹克，来自其2015年秋冬系列。

运动套装（也称运动服）

　　从军队训练场到东京原宿，运动服已经成为服装界的代表性单品。来自Bronx的街舞男孩称这是他们的制服，英国早期的顽劣少年naughties（通常被亲切地称为"chav"）总是把手插在灰色Nike或McKenzie运动裤里。这是最时髦的集体穿搭。

右

E14，东伦敦：堪称城市制服的运动装随处可见。

下

Adidas经典款休闲蓝白运动套装。

网球衫、Polo衫和橄榄球衫

　　这是数百万人衣橱里的基本单品，无论他们是否喜欢街头服饰。继T恤之后，这款学院风主流服装已成为许多经典造型的起点。现在很少有人会把领子立着穿，或者把网球衣像围巾一样搭在身上，这些都曾经是美国精英乡村俱乐部和学生的经典装扮。除了旧时的标准蓝或白色外，现在还有青柠绿、亮粉、黄色、紫色以及一系列的彩条和条纹，是数百万兄弟会男孩的选择，因为可以搭配他们人字拖的颜色。这种风格现已蔓延到英国，广受运动迷、下班的地产经纪人和时尚达人候选人的喜爱，这些人也就是所谓的"游民"。

左和上

说唱歌手Devlin的Polo网球衫和Pall Mall Blue香烟，Ewen Spencer摄于2011年（左）；Fred Perry的摩登教父Modfather系列网球衫（上）。

卡其裤（也称"休闲裤"）

　　这款带纽扣的棉裤起初是美军的标准服装。永远不会皱，总是平整的，就像在Gap和Uniqlo无数个广告中看到的一样。再搭上一件海军上衣，你妈妈会以为你终于醒悟了，不再穿得跟个毒贩似的了。经典款是卡其色，现在也有亮色系，比如南塔克特红，不过，褪色后会变成粉色……看起来像在模仿统治阶级的穿搭。这款裤子也有短裤，颜色有各种粉色和亮色调，也有可能是棋盘格纹（谨慎穿搭）。

> "一次群体性青年服饰运动就源于军队。每次现代冲突之后，数以千计的年轻士兵返回故乡，并继续穿着原先的衣服。媒体对现代战争的普遍报道也推动了这种风格植入反叛的青年文化中。纵观历史，他们总是以某种方式选择并适应这种服装，无论是最初是支持还是反对。"

David Gensler，街头服饰专家

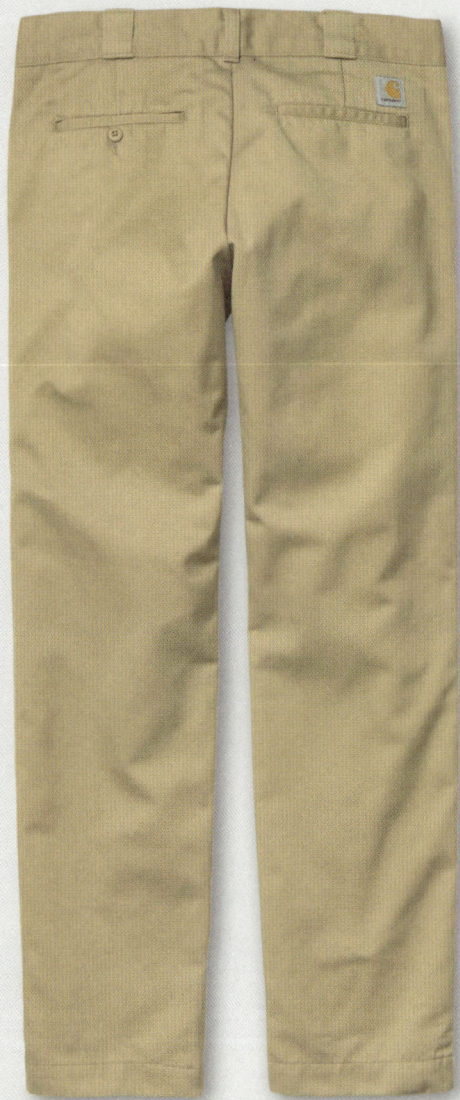

本页
Carhartt经典款卡其裤。

右
òL New York Silver Spoon
系列的膝处裂口长裤，模特：
Joe James。

风衣

　　风衣通常会被卷起放在户外背包里，在登山遇雨的时候，它轻盈且方便。同时，在任何一个城市，你都会看到另一种类型的冒险家穿着它，现代版本的北方人，通常顶着一头Liam Gallagher式的发型，穿着紧身牛仔裤和一双沙漠靴。

"1985年，我在St Albans的一家青年俱乐部的洗手间里被殴打了，对方穿着一件灰蓝相间的耐克风衣。我没有拉扯他的衣服反击他，因为当他在夜里逃跑时，可能需要它来御寒。那是'小伙子'才穿的，从那以后我就再也不穿风衣了。我和同伴们在假期徒步时，经常穿着一件假的Peter Storm。这可能就是为什么对方觉得必须要修理我一顿的原因。"

King ADZ

■
左
永不过时的Tommy航海外套，数以百万计的小伙子和King ADZ都穿过。

049

下

Wood Wood的牛仔夹克，有拉链款和纽扣款，另有牛仔盆帽可供选择。

右

漂染金发和定制牛仔夹克，柏林面包与黄油贸易展，2014年。

牛仔

　　牛仔是街头服饰的开山鼻祖之一。它可能源自野外，有牛仔文化背景，但如今，它可能是你在每个城市的商业街（又称"高街"）上随时随地都能见到的面料。它会褪色，容易磨损（破洞牛仔裤反复流行，又不断过时），但它很耐穿，是目前最变通的面料之一。但是，两件或三件牛仔单品的叠穿是有规则的，真正的时尚达人才能实现。请谨记这一点。

Wanda 和 Kabelo，即 The Sartists，他们盛装打扮，头上戴着 Simon and Mary 定制帽子和经典眼镜，2014 年摄于约翰内斯堡。

西装外套

　　最初的西装外套是条纹图案的，在学校、运动队等有特定的颜色。根据用途，采用不同的面料（粗花呢、亚麻、羊毛）制成，可用于狩猎、划船、骑马、帆船等。所有这些场景都不适用于今日的街头，因为西装外套一直在流行和过时。有一种奇怪的并存现象，精英后代们会穿着制服搭配时髦的乐福鞋……中间却穿着一条 Levi's 的复古款裤子。如果你不会混搭的话……

右

棒球员Chien-Ming Wang，来自Nike
赞助的华盛顿Nationals球队。

对页

òl New York卡车司机帽与帽衫，来自
Undeudog系列，模特Ling。

背页

Patta x Levi's传达手册拍摄，Petro-
vsky & Ramone 2016年摄于柏林。

棒球帽

　　根据一个美国边境管制的真人秀节目，罪犯入境的身份信息泄露迹象就是他戴着纽约大都会棒球队的棒球帽。最初，帽子用于定义人的社会地位，但是，当每个naughties都开始戴上棒球帽（也称作"卡车司机帽"，因为农业公司会给卡车司机免费发放）时，可以看作一个人对自己乡下兄弟姐妹的支持。棒球帽作为一种主流单品，也被称为Snapback（帽子后面有调整大小的塑料扣）或five-panel（和棒球帽的前身自行车帽一样，有五个面板，而不是标准的六个三角形）。

"我们最近在和一位企业家交流，他拥有一家顶尖的青年文化品牌咨询公司，他觉得自己的竞争对手已经无可救药——全都戴着棒球帽，穿着条带凉鞋。"

Wilma

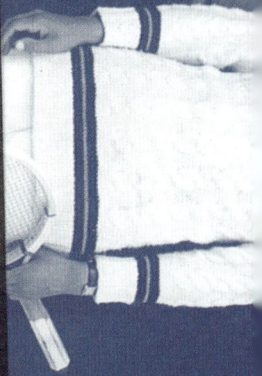

Ralph Lauren 的网球衫广告，大约在1985年；René Lacoste；T台上Thornton Bregazzi穿着Preen的超大号网球套头衫；20世纪60年代初，坦普尔大学（Temple University）的字母毛衣；经典款牛津针织板球毛衣。

运动毛衣

运动毛衣从不过时，新浪漫主义者穿着板球套头衫，高尔夫球玩家穿着Pringle或Lyle&Scott的高球衫，潮流达人也穿着挪威渔夫套头衫。尤其是新生们在游艇上摆姿势时，总是喜欢穿几件Fair Isle或Shetland的圆领衫，或者在日常穿搭中穿一件Blythe套头衫。运动毛衣会让你看起来很健康（面对这种运动装扮，谁会不同意），还能保暖。

下

Carhartt的连帽衫。

右

Bibi Chemnitz hoody; Bape hoody; Ghostown sweat with lekker art by Broken Fingaz; òL New York longline hoody.
Bibi Chemnitz连帽衫；Bape连帽衫；印有lekker艺术的Ghostown上衣，由Broken Fingaz设计；òL New York的长线帽衫。

（连帽）长袖衫

　　在世界各地，穿连帽衫的年轻人形象已经成为问题少年或不良分子的某种常用装扮，但长袖衫是街头服饰的基础款之一。从以Chanel为灵感创作品牌标志的Stüssy，到丹麦设计师Astrid Andersen 2015年推出的标志性超大号连帽衫，长袖衫已进入上流社会，成为高级定制，并被冠以"高级休闲服装"之名。自20世纪80年代以来，一直流行用连帽衫搭配MA-1夹克，堪称飒爽造型，这种搭配的身后有个妙处，帽子与衣领可以重叠。但，还是要注意一下配色……

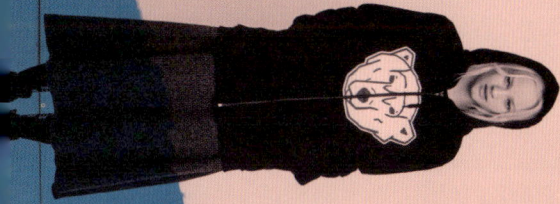

经典鞋履

市面上关于运动鞋的书籍已经有很多了，此处为你提供一份简要的清单，完善你的衣橱必备款。其中包括多年来我们自己也购买的运动鞋：Air Jordan、Adidas Stan Smith、Nike Cortez、Adidas Superstars（也叫"贝壳头"）、Nike Challenger Court（也叫McEnroes）、Nike Air Max、Adidas Samba、Puma Clyde、Diadora Bjorn Borg Elite、Saucony Jazz、New Balance 574、Nike Air Force 1、Adidas Rod Laver、Vans Half-Cabs、Chuck Taylor Converse和PRO-Keds。Golas和Dunlops的流行地位无法撼动，无论品牌方多么努力地想把它们往回拉、拉、拉，让它们成为经典。非运动鞋类包括crêpe鞋底的绒面沙漠靴、Sperry Top-Siders、初版的船鞋、Bass Weejus、原始款乐福鞋、棕色基础款翼尖布洛克鞋、Dr.Martens鞋和靴子、流苏乐福鞋；Vans Era（其设计基于远古爆款Sperry Canvas CVO；Clarks Wallabees（起初有各种颜色，Wu-Tang Clan把这款鞋从消亡的边缘拉回，也使Clarks免于破产）；以及来自法国传奇品牌的Kickers（生产了聚会爱好者所挚爱的Kick Hi靴子）。

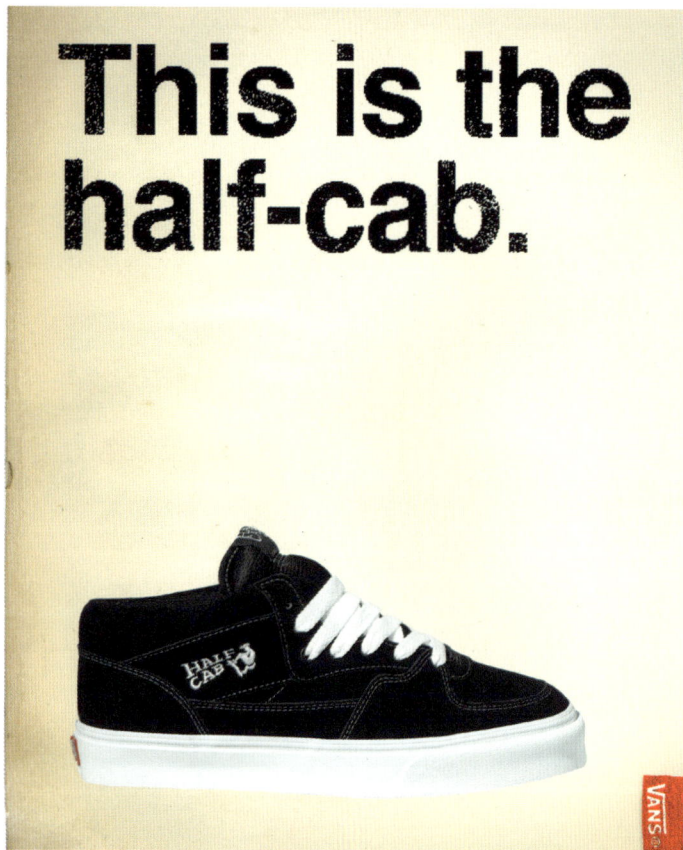

■
左

Vans Half-Cab广告图：广告词与鞋上的字一致。

■
右

2015年，纽约时装周，Ildara Cuias穿着一双Adidas Stan Smith运动鞋，搭配Comme des Garçons的裙子。现在人人都穿运动鞋。

往事

1972年，在泽西城，具体来说，
是在一家名为Trash and Vaudeville的
服装店，由青少年Ray Goodman创办，
诞生于反文化运动期间。
街头服饰的故事由此开始……

■
左
Mick Jones拿着Trash and Vaude-
ville的包，站在纽约市东村第3号和
第9号大街的交界，Pennie Smith摄
于1981年。

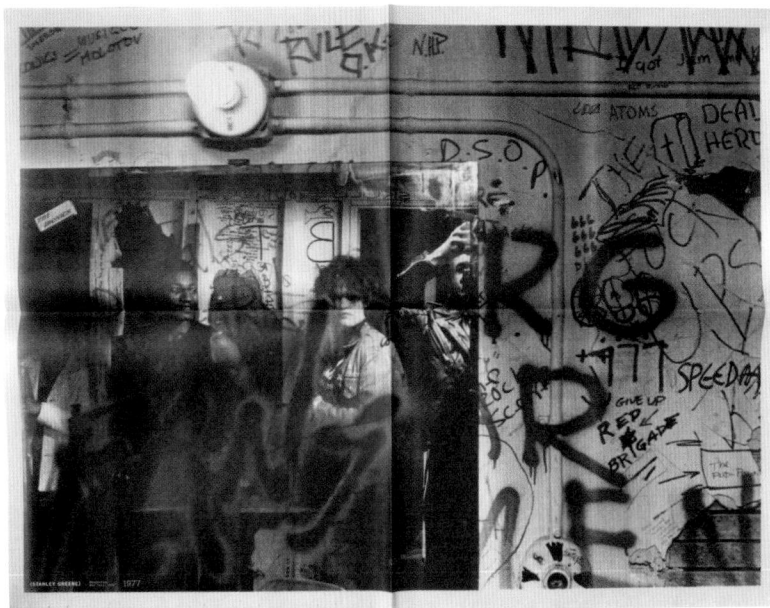

左

由Johan Lindeberg位于纽约的牛仔品牌BLK DNM所发行的 *Gazette* 杂志。

右

纽约东村St Mark's Place的Trash and Vaudeville服装店。

1972年，受反文化运动的启发，十几岁的Ray Goodman在泽西城创立了一家杂货及服装店。他给这家店取名为"Trash and Vaudeville"。店只开了六个月，但他已成功上道。三年后，Ray搬到纽约，接手了位于St Mark's Place的一家老嬉皮士商店。St Mark's Place是东村最著名的反文化街区，拥有各类唱片店、文身/打孔店、盗版混音带/CD交换店、Kim音像店、滑板店、Electric Circus俱乐部，到访乐队包括The Velvet Underground、Grateful Dead、Hendrix和Sly and the Family Stone。这家店的地址40多年从未改变，尽管它周围几乎已面目全非。Trash and Vaudeville现已迁至东7街，它依然是全曼哈顿，乃至全世界仅存的几家正统街头服饰店之一。

"一定要成为纽约历史的一小块切面，一个小小的目的地，小小的麦加城。这是我们不断前进的原因。33年来，一直在遵从本心地坚持，出售商品。你闻一闻，墙上都是历史的气息。"[1]

Jimmy Webb, Trash and Vaudeville经理

当然，地处市中心，恰好和周围的事物一起蓬勃发展，确实为它助力不少。但是，它在纽约的开业也不是巧合。20世纪70年代，这座城市另有其他事情在上演，尽管与St Mark's Place的事情完全无关。街头服饰运动的另一个种子在遥远的Bronx and Harlem孵化，相关内容，且待稍后详叙。

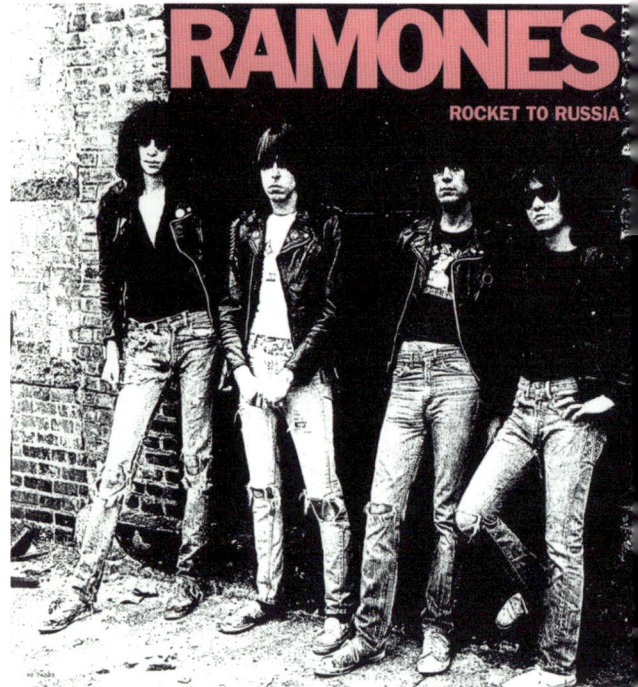

本页

纽约市中心的装扮：1970年左右，Joan
Jett在纽约CBGB；黑色紧身牛仔裤、黑
色Converse鞋、the Ramones、Brando
风的摩托夹克。

"我认为在纽约兴起的是低价消费，
因为购买昂贵的东西并不酷。
比起你有多酷，你的信用卡更重要。
在低价商店淘旧货是一件很酷的事，
我从12岁就开始这么做。
单是旧衣服比新衣服更酷这个观点，
就非常纽约。"

Mary Jo Diehl，市区设计师

从Trash and Vaudeville开始是因为它所售产品的稀缺性、唯一性，以及在那里寻找罕见款式的顾客们。这是Trash and Vaudeville的橱窗组成元素，而零售酷的、令人向往的孤品至今对世界各地都适用，甚至在高街也是如此。

Trash and Vaudeville制造/出售的风格定义了一种标杆级的造型：脏脏的紧身牛仔裤（后来被称为superskinny）、Converse All Star靴子（想想Joey Ramone）、剪过的短袖T恤（有定制的袖子）和摩托夹克（以Schott Perfeto为原型）。这种造型到现在仍然是奏效的，如果2017年你在一支乐队里，这几乎是高街的统一装扮。在那时候，你的装扮与你是谁无关，而是你认为自己是谁：你的穿着是你的品牌，是你的个人广告板。追求个性的人不会穿现成的搭配，而是会选择能表达自己的东西。看看纽约20世纪70年代的标志性人物就知道了：Warhol、Iggy Pop、New York Dolls Ramones、Blondie、Keith Haring、Basquiat。这些人物仍然和现在息息相关，影响着当今的潮流。1981年那时的市中心景象是纽约历史上的重大时刻，每个时尚潮人都还记得那个年代。曾轰动一时的服装在今天仍是一种颇具反叛精神的造型。

"我从不觉得自己很酷、很时髦、很懂行之类的。过去、现在、将来，都有很多人嘲笑我。我真正的身份是一个观察者，很幸运一直能有机会去看各种事物，各种奇妙的事物，能够去体验（在纽约市上空乘坐Goodyear飞艇），但我从未完全融入任何地方。所以，从这个层面来看，我很幸运。因为如果你没有融入，你就不属于任何场景、团体或地点，无论你走到哪里都是一样的：你或多或少是一个旁观者，可以像外国游客一样看待事物。"

Tama Janowitz，作家

Trash and Vaudeville的真我精神与核心理念让它成为不多见的文化现象之一，拥有众多人气与发展势头，坚守初心，几十年始终如一。这是如今所有品牌（时尚类和其他类品牌）都在苦苦探寻的成功秘方，但往往怎么也想不到。这是无法装瓶保存的东西，是推动当前所有街头服装品牌的引擎。由于高昂的租金，Trash and Vaudeville不得不搬离St Mark's Place，而这条曾经是市中心反文化运动核心场所的街道已经变成了"美食广场"。用Goodman先生的话说，这是资本主义摧毁文化的惯用伎俩。真正的街头服饰品牌都在悄悄诞生，在小众市场中生长。向你致敬，Trash and Vaudeville。

70–71页

Joan Jett、Debbie Harry、David Johansen和Joey Ramone在朋克婚礼上的合照，摄于20世纪70年代。

对页左

Keith Haring在William S. Burroughs艺术展上，1987年摄于纽约Tony Shafrazi画廊。

对页右

The New York Dolls乐队，摄于20世纪70年代左右。

上

Jean-Michel Basquiat和Andy Warhol在Basquiat展的开幕式上，1987年摄于纽约Tony Shafrazi画廊。

从Broken Fingaz and Pilpeled的
艺术作品和设计中可见,
纽约风格的造型仍然牢牢把握着世界的潮流。

上

Broken Fingaz的Ghostown作品。

对页

Pilpeled上衣、滑板和乌鸦, Guy Pitchon摄。

朋克

第一批朋克起源于纽约市区的艺术和
音乐领域，Malcolm McLaren 当时
在纽约担任The New York Dolls 乐队的经纪人，
他发现了朋克文化。随后，Malcolm McLaren
带着他的所见所闻回到伦敦，
开启朋克摇滚运动。

对页

John Lydon，别名Johnny Rotten，和Sex
Pistols 乐队经纪人Malcolm McLaren 从伦
敦西区的一处警察局离开，摄于1977年。

在海的另一边，伦敦国王路的World's End，故事也在发生。1971年10月，Malcolm McLaren和Patrick Casey开了一家名为Let It Rock的店，出售定制夹克（名为"drapes"）、紧身裤、绒面厚底鞋、摇滚黑胶唱片和杂志。这些服装由Malcolm McLaren的女朋友Vivienne Westwood设计，当时她是一名教师。这家店是为数不多的新泰迪男孩（neo-Teddy Boy）服装店之一，对泰迪男孩的文化复兴起到一定的作用。1972年，这里改名为"Too Fast To Live Too Young To Die"，并开始出售20世纪60年代风格的摇滚文化（与the Mod对立）服装。但"小混混"客人给McLaren和Westwood带来了不少麻烦，偷走了许多库存，于是商店不再营业了。直到1974年，才重新开业，店名改为"SEX"。

> "我认为，现在和街头相关的亚文化其实是媒体的某种愿望，而不是真实存在的现象。在朋克之前有泰迪男孩（Teddy Boys）和嬉皮士hippies（我想说那才是真正的青年文化，现在仍然以某种形式继续存在）。但从那以后就一团乱了。"

Michael Kopelman，Stüssy英国总监

当然，朋克不是SEX商店创造的。朋克来自美国。如果你看看20世纪60年代末的Warhol工厂，你会看到人们已经穿着垃圾袋，玩着安全别针，尝试各种发色。McLaren去了纽约，见过New York Dolls，认真研究了New York Dolls的装扮和街头风格。然后他回到了英国，当时的音乐潮流还是Bay City Rollers。他知道他在纽约的见闻和英国当时的主流音乐截然不同，因此他建立了乐队，想要从混乱中赚钱。他以为他组建的是一支男孩的乐队，但他忘了他认识一个叫John Lydon的人，一个真真正正的朋克谜。如果问是谁创造了英国的朋克摇滚乐，那答案就是John Lydon（John-ny Rotten）、John Beverley（Sid Vicious）以及他们的朋友和歌迷。

> "两个John的组合是关键，但他们也是隐秘的。比如Bertie Marshall，当时的名字叫Berlin，和一个叫Debbie的女孩，他们是英国朋克摇滚幕后的推动者。他们沿着Coalhearn走，去Louise的家里，他们个个身手不凡，让朋克摇滚蓬勃发展，因为当时正是一个危险的时期。但这种繁荣只持续了几个月，因为在Roxy Club开业时，朋克摇滚在各层面上都消亡了。"

Paul Hartnett，摄影师

对页
左上 Chrissie Hynde、Jordan和Vivienne Westwood在位于Westwood的SEX门店，展现一种"玩世不恭"的态度，1976年摄于伦敦国王路。
右上 Jordan，1976年Sheila Rock摄于SEX门店外。
下 Sex Pistols乐队的Johnny Rotten和Sid Vicious，1977年6月摄于伦敦Porto-bello酒店。

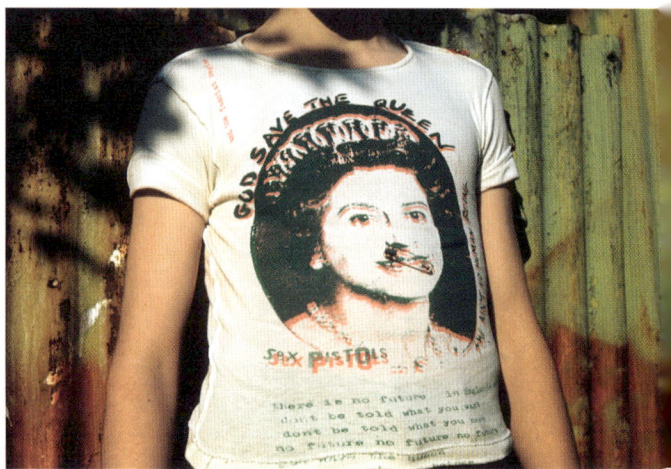

在1976年，可以看到John Lydon穿着一件Pink Floyd定制T恤走在国王路上，T恤的乐队标志上写着"I hate"。Sex Pistols乐队的成员一度都穿着这件T恤，包括John Lydon、Paul Cook和Steve Jones。有人问起Lydon时，他说："我也不知道这衣服是从哪来的，它是绿色的，很奇怪。是我不喜欢的颜色，这可能是我从摊位顺手拿的。"如果你在You Tube上看Anarchy in the UK的现场版，你会看到Cook在鼓后穿着这件衣服……

The Bromley Contingent是一群来自郊区的无聊少年，他们作为Sex Pistols的歌迷来到伦敦。这群人包括Billy Idol、Philip Salon、Siouxsie Sioux和Soo Catwoman。Sex Pistols因为臭骂了主持人Bill Grundy上了头版新闻，而The Bromley Contingent在泰晤士电视台的Today节目中表示支持Sex Pistols后，逐渐成为焦点。后来，Siouxsie组建了Siouxsie and the Banshees乐队，Billy Idol建立了Generation X，而Philip Salon经营了Mud俱乐部（在这里，也是从郊区过去的ADZ，第一次体会到真正的俱乐部文化）。Julie Burchill和Tony Parsons认为The Bromley Contingent "顽固不化，装腔作势，没什么才华，只想博取关注，以求成名；反叛地自我展示，以此达到目的。"[1]

但是，值得注意的是，虽然他们最初只是一群歌迷，但后来确实成名了，并对朋克的形成发挥了至关重要的作用。

压抑总会向表达妥协。20世纪60年代开始，西方世界一直处于全球战争和经济创收的恢复期：正是在这种环境下，青年震荡开始登台，从嬉皮士到摩登派，随后是朋克，这是一个向现有体制发起强烈对抗的过程。然而，朋克反抗的起源据说还要更早。1967年，一项《性侵犯法案》在英格兰和威尔士生效，年满21周岁的两名男子私密进行的性行为得以合法化。这一点很重要，回到1895年前，Oscar Wilde被判入狱劳动两年的时候，如果你看到棚拍的街头风格照或旅行摄影师在集市拍摄的低成本照中，男人盛装打扮，并在相机前肆意摆各种姿势时，你会觉得这是一件疯狂的事情。在这件具有里程碑意义的案件发生之后，氛围变得危险起来。一切都转为地下进行，私人化装舞会成了男人和女人利用化装的幌子聚在一起，度过一段快乐的时光。这种能被接受的同性恋生活方式，有着前卫的、原始的、略微无政府主义的气质，这正是英国时尚和街头风格的开端，在多年之后，跨越大西洋，成

对页

20世纪70年代，穿着"Theatre of Hate"（仇恨剧院）皮夹克的女孩；皮摩托夹克上手绘的乐队标志，带有定制的徽章；Sex Pistols乐队的"God Save the Queen"（天佑女王）T恤；1983年，一个朋克对警察比划手势。

背面

Young punks at an Adam and the Ants gig at the Roxy Club, London, 1978.
Adam and the Ants在Roxy俱乐部演唱会上的年轻朋克，摄于1978年。

"前几天我开车经过一个公交车站，那里站着一个15岁的朋克，全身穿着mohawk，破洞牛仔裤和修身夹克。我的第一反应是'帅爆了'，但后来我意识到她只是买了现成的（从网上）。"

King ADZ

为朋克风。

英国在1967年新法案颁布后，音乐、设计和时尚的变化都逐渐出现。美国化的迪斯科被引入英国，激发了创造性的反应，它为大众提供了同质化的"文化"体验，也成为亚文化、俱乐部文化和青年文化所抵抗的东西。

朋克的重点之一是受到拜物教的影响。例如，曾经不可公开的同性恋用具元素，被朋克合理使用，并带到高街上，在高街上穿PVC长裤或露臀内衣是最让人感到震惊的。今天，我们把这些东西看作"非主流着装"，但在1976年，令人吃惊的是，连穿皮裤都很出格。那时候，穿着一件印有两个抱在一起的裸体牛仔（芬兰的Tom设计）的T恤走在街上，也很是狂野。

许多这类东西都已被主流文化吸收同化了。但大多数人并不真正了解一种装扮的历史，袖口上的拉链、T恤领口的裁剪、Topshop和Primark等货架上数以百万销售的丝网印花T恤，都或多或少地受到朋克的影响。只要看看任何穿着裂口紧身牛仔裤的年轻人，会看到类似Trash and Vaudeville的朋克气息。身体穿孔（或者文身，现在几乎成了必需品）也是朋克的衍生品；在脸上或鼻子上的安全别针是多种穿孔的前身。到了20世纪90年代，穿孔成了宽松套头衫、短夹克的标配，层层叠穿，被称为"邋遢摇滚风"。这可以说是90年代的朋克，让我们清楚地了解朋克历史的来龙去脉。它存在过，影响过，又成为街头服装史上至关重要的一环。因为它出现得正合时宜，人们也渴望着品牌风格走向反叛化。

<u>朋克代表人物</u>

Vivienne Westwood/Seditionaries, Dr.Martens, Search and Destroy – NY, Addicted to Chaos, Angry Young and Poor, Dead Threads, Fred Perry,
No Future, Obey/Jamie Reid
（不敢相信吧？）

━
上
伦敦的朋克，Chris Steele-
Perkins 摄于1978年。

上
Shoreditch 的朋克，2010年摄于伦敦Red-church Street。

右
一名上海的朋克在全球最大的滑板公园，摄于2010年。

背面
在Roxy的朋克，1977年摄于伦敦（左）；Jordan，摄于1977年（右）。

学院风

这是对悠闲富裕的英国上流社会着装的效仿，
在20世纪50年代的美国精英阶层中流行，
至今仍影响着几乎整个时尚界。
作为白人新教徒群体的统一穿着，
它的主要元素跨越了不同的文化，
老花字母图案、标志外显、图案和印花的重复，
都是由此开始的。

■
左
《哈佛讽刺》(*Harvad Lompoon*) 的编辑在
工作中，1955年摄于马萨诸塞州剑桥市哈
佛大学。

美国精英的主流造型就是富裕悠闲的英国上流社会着装的翻版,类似牛津剑桥风格和庄园主的着装风格,看起来像刚打猎回来(大多数确实是)。它表明着装者家庭背景优越,接受过正统教育(寄宿学校),是乡村俱乐部的成员,能去适宜的地方"避暑"。他们的服装也围绕着WASP的户外生活方式发展:低调不浮夸,美式实用休闲风格。曾经是属于世代富裕者的着装,但在过去的几十年间,新兴富人也通过使用服饰和社会象征,融入得体的社交环境中。

最初,这些衣服都是质量上乘、做工精良的,是有品位的经典服装,穿好多年也不过时。苏格兰格纹和团体/俱乐部领带,中性风格(女孩可以穿着几乎和男孩相同的保守制服,干净的脸,淡妆或不化妆),叠穿,颜色鲜艳。每件衣服上都印有穿者的姓名首字母,在袖口、左胸口袋(现在Polo标志的位置),或者左手袖子的关节处。重复的小印花图案也很常见:鸭子、交叉的网球拍、帆船等。在衣服上贴标签就始于此,这也是著名的Louis Vuitton老花图案的起源。

这是各类富人的统一着装。不用多想,只要穿上你父母穿过的Fair Isle羊毛衫就可以了。你在展示你的群体归属感,宣告你配得上你的社会地位。这是旧时统治阶级的着装方式,简单明了,但这也是工人阶级孩子们会选择的一种装扮,能够营造一种错觉,以为自己的生活方式有着深厚的文化传统。成熟世故、富裕优雅、摩登时尚、极度自信:这是一种必须掌握要点并正确运用的造型,否则会露出马脚。

这是一种反复流行的风格,几乎从未过时。它可以说是WASP群体的制服,在今天也被视为一种经典

94-95页

树间上排从左到右：McGregor红色法兰绒西装上衣、Johnston and Murphy红色漆皮鞋、Might-Mac红色连帽外套、Might-Mac长款大衣、McGregor羊毛帆布外套。

中排从左到右：Wren Shirts红色领口衬衫和Dobbs红帽子、Enro肘部补丁红色灯芯绒衬衫、McGregor口袋羊毛衬衫，右边的是McGregor红色马甲。

下排坐着的，从左往右：Village Squire红色高领针织毛衣、Chipp的红色背带。

对页

学生们在Harknes塔附近的栅栏上休息，1957年摄于康涅狄格州纽黑文市耶鲁大学。

左

被称为Miyuki-Zoku的青少年在Miyuki-Dori街上漫步，1964年摄于东京银座休闲区。

造型，具备罕见的跨文化能力。日本人已完全接受了这种装扮，出版于1965年的 *Take Ivy* 让学院风大行其道。在这本书中，摄影师Teruyoshi Hayashida记录了常春藤盟校大学生在美国的着装。核心品牌J.Press最初是耶鲁大学的商店，但1986年被一家日本公司收购，现在成了深受日本和美国消费者喜爱的重要品牌，在美国麦迪逊大道设有旗舰店。

学院风对很多领域都产生了影响，包括法国新浪潮电影、爵士音乐家、现代主义、黑色电影和费里尼（Fellini）的《甜蜜的生活》（*La Dolce Vita*）中的墨镜、剪裁犀利的服装、没戴领带的紧扣领口等各种着装元素。学院风的另一经典造型是：Bass Weejun乐福鞋，由挪威渔民的拖鞋款式改造，最初基于美国本土的一种软皮鞋，搭配年代久远的Levi's 501s裤子和菱形花纹袜，上身穿一件彩色的Lacoste网球衫。

"我16岁那年，买了一双Next的乐福鞋，搭配菱形花纹袜子穿。当时我没有意识到背后的文化意义，更多的只是想给雅皮士做个示范。我会搭一件仿Izod Lacoste的蓝色衬衫和一件Levi's 501s的裤子，感谢Nick Kamen。"

King ADZ

学院风品牌
J. Press，L.L.Bean，J.Crew，Ralph Lauren，Tod's，Brooks Brothers（Ralph Lauren最初工作的地方），Tommy Hilfiger，Sperry，Gant，North Face，Esprit，Nautica，Helly Hansen，Barbour，Patagonia

■
左
绿色的Lacoste网球衫；缅因州布伦瑞克
Bowdoin学院的学生；全新的Levi's 501s
裤子；哈佛大学学生，摄于1965年；Bass
流苏乐福鞋。

上

学生们在课堂上做笔记，1948年摄于马萨诸塞州北安普顿的史密斯学院。

右

丹麦当代时尚和生活方式品牌Wood在70年后推出了学院风女孩造型。

时尚聚焦:
TOMMY HILFIGER 和
RALPH LAUREN

也许听起来很奇怪,WASP 的装扮对嘻哈或"城市"街头服饰产生了巨大的影响。但学院风运动确实是由两位白人男性推动的,他们是 Tommy 和 Ralph,分别来自纽约州埃尔迈拉和布朗克斯区。他们都有着工人阶级移民背景,和他们所售服装的上流社会形象天差地别。Tommy Hilfiger 可能会说:"我当时想,如果去经商,我就可以掌握自己的命运。"他确实做到了。但 Tommy 和 Ralph Lauren 真正致力实现的,是被纽约主流时尚界接受,再影响美国的其他地区。这种接受度让他们成为美国的"全民品牌",远销世界各地。

> "也许是因为我的内心有个小镇男青年,我一直很喜欢学院风造型、常春藤盟校传统装扮、水手服和运动服。我希望能给这些熟悉的旧款式赋予一种更悠闲的态度,让它们变得更时尚,更酷……"

Tommy Hilfiger[1]

Tommy 聘请广告大师 George Lois 进行品牌推广。Lois 将 Tommy 和三大现有品牌类比,其中就包括 Ralph Lauren,成功实现品牌塑造。但这不是两个男人能够迅速从制衣小作坊变成全球知名品牌的唯一原因,也不是因为 WASP 钟情于这品牌。而是 Snoop Dogg(Tommy)和 Bubba Sparxxx(Polo)等人的才华得到有效施展,才把两家公司带入了完全意想不到的境地。

> "我的灵感一直源于美国梦:野居乡下,褪色的卡车和农舍;从缅因州的海岸开始远航;开着破旧的木制挡板的两用车,在尘土飞扬的路面上行驶;一辆敞篷车,坐满了穿着 crew cuts、运动衫和做旧运动鞋的年轻大学生。"

Ralph Lauren[2]

本页

Tommy Hilfiger和Ralph Lauren Polo在高
端时尚媒体的广告,让WASP的梦想永存;
Alive经典Oxford Crack衬衫,如今下东区
的街头潮流。注意:穿这款衬衫时,第一颗
扣子必须时刻扣上。

这是品牌进军不同文化的典范。在20世纪80年代初，如果你对Tommy或Ralph说，他们的成功在很大程度上得益于街头文化，他们会像看疯子似的看着你。但再过十年左右，他们就会清楚地知道把他们的名字推向全新领域的是谁了。1994年，Snoop Dogg穿着Tommy的橄榄球衬衫登上Saturday Night Live的那一刻，一切都变了。无论你是否认同，如果没有这一事件，Tommy不可能再推出这么多的衣服。这个品牌很可能会沦为TJ/TK Maxx卖场上红色标签的主打产品之一。这两个品牌的衣服当时的说唱歌手都有穿，但Hilfiger发现了一个机遇。他的哥哥曾是摇滚乐队的负责人，通过这层关系，Tommy开始在音乐现场赠送衣服，很快他的衣服就出现在音乐视频里了。接下来发生的事情，大家都知道了。

对页

Naughty by Nature 的说唱歌手Treach在伦敦时装周Tommy Hilfiger时装秀上表演，摄于1996年。此后，说唱歌手开始自立门派。

下

纽约市的某处屋顶上，Aaliyah为Tommy Jeans拍摄，摄于1996年。

嘻哈风

这场激进的运动源于由美国非裔主导的
DJing、MCing、霹雳舞和涂鸦画作亚文化。
超大廓形、高调、偏好考究的运动服和
定制饰品，它们将"成功"商业化，
并定义了城区风格。

对页

Run-DMC穿着Clarks Wallabees和
Adidas Superstars，Janette1985年 摄
于纽约皇后区。

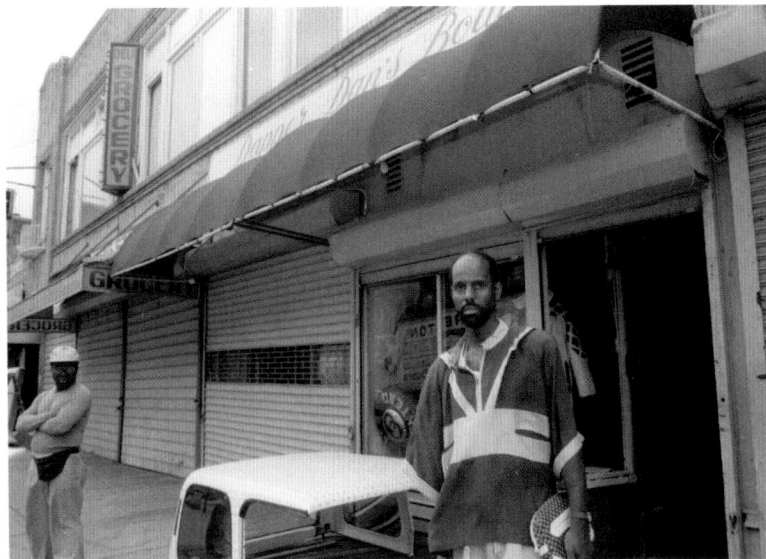

20世纪70年代末80年代初，在上西区、威彻斯特、汉普顿的学区之外，不一样的事情正在发生。在纽约第125街，到处是卖运动品牌、工作服、背心和T恤的夫妻店（砍价是常事）。陆军和海军商店也出售类似的款式，没有太多的选择。如果你真的想展示自己的风格，只能找裁缝定制，但通常有钱能这么做的人只有毒贩、舞女、皮条客和帮派（gangster，简称"G"）。目的是让衣服看起来很贵，所以会抄袭经典款，再加以改造，用丝绸代替羊毛，皮草代替皮毡。G开创了风格，因为他们才是有钱人。其他人都想看起来像他们，因为他们拥有财富和权力。

Dapper Dan和A.J. Lester是两家位于Harlem的商店，可以在那里买到一些时髦的东西。这两个地方也是所谓的"集散地"，也就是可以去玩的地方。Daniel "Dapper Dan" Day认为他的服装是"贫民小众男性服装"。[1]畅销款包括纺布西装、crocodile鞋、海军大衣和皮革牛仔风的西装。到了20世纪80

年代初，Dan发现了当地市场的需求缺口。早在Nike等鞋类品牌生产服装之前，Dan就已开始印制带有耐克标志的面料，并在此基础上衍生出全印花夹克、带有压花皮革的衬衫、皮革连体裤、天鹅绒运动服，这些面料/皮革全都带有他非法印制的标志。他也印了Gucci、Chanel、Louis Vuitton、MCM、Fendi和Mercedes Benz。他的商店24小时全天营业，店里衣服很贵，300美元起步，所以你得好好工作才能在那购物。1989年，Dan被Fendi起诉，他的所有Fendi都被销毁。

但是，蓝图已经绘制完毕。独特性、实用性和功能性促进了所谓"嘻哈风格"现象的出现。早期成名的其他设计师还有The Mighty Shirt Kings，流行于皇后区牙买加裔聚集区。这些品牌在三州地区广为人知，是因为它们的定制服装张扬、多彩、狂野，带有涂鸦风格，用气笔在Screen Stars T恤或运动服的背面创作。The Mighty Shirt Kings以画火车闻名，后来购入

右

女说唱歌手们，Janette Beckman 1988年摄于纽约。前排：Sparky D、Sweet T、Yvette Money、Ms Melodie；中排：Millie Jackson、Peaches、Sparkie D dancer #1；下排：Sparkie D dancer #1、Roxanne Shanté、MC Lyte、Synquis。

下

Rob Base和DJ E-Z Rock正在拍摄专辑封面，Janette Beckman 1988年摄于纽约。

右下

1986年Run-DMC和Beastie Boys的后台入场票。

对页

Doreen Broadnax，让人更熟悉的名字是 Sparky D，嘻哈界的女性先驱之一。Janette Beckman 1988 年摄于纽约。

上

The Fat Boys 穿着 Dapper Dan 定制夹克，戴着摇滚风粗金项链，1987 摄于纽约。

背面

1988 年，演员及说唱歌手 LL Cool J 在芝加哥阿里皇冠剧院演出。

喷枪后，他们开始将创作重点转移到人体上（收取少量费用）。他们是嘻哈运动中最早的T恤生产者，提供定制或现成服装。1986年后，他们在Colosseum Mall租了一个摊位。他们顾客中的第一位嘻哈名人是The Furious Five的Larry Love，之后的客人有Run-DMC、Eric B.&Rakim、Salt-N-Pepa、LL Cool J、Jay Z、De

La Soul和Bell Biv DeVoe。

嘻哈风造型有三大特点，一是大尺码、宽松、印有品牌标志和运动类服饰，比如运动衫和连帽上衣；二是围绕牛仔、珠宝和奢侈品（比如Jacob定制珠宝制造的重工吊坠），以及昂贵的汽车；三是浮夸，它重新定义了成功人士有可能的造型，是贩卖成功的缩影。

这种造型始于哈莱姆区、布朗克斯区和贝德福-斯都维森区，随着电视的普及而带到全国各地。20世纪80年代初，这种风格由Ralph McDaniels主持的Video Music Box等节目传播。当时，由于预算有限，嘻哈艺人的每张专辑只有一支音乐视频，视频中的服装必须经久耐穿，因为在专辑的整个宣传周期都要穿。视频演出、专辑封面和宣传照都使用相同的服装（通常是Dapper Dan出品），因此这身衣服必须首创，必须独一无二。

1988年，Yo! MTV Raps火遍美国的电视网络。

左

嘻哈界名人录，Yo! MTV Raps x Stüssy
联名出品。

对页

Michael Jackson和Steve Barron导演在
拍摄Billie Jean音乐视频时聊天，MJ穿
着全套皮衣，模仿纽约早期说唱歌手的
造型，使用了大量发胶。

最后，它打破了"黑人"和"白人"在音乐、时尚、文化和态度上的肤色壁垒，始于美国，风靡世界。MTV进入白人摇滚群体的原因是Michael Jackson的Billie Jean视频在黄金时段多次轮播。这一关键事件扩大了节目的观众范围，向白人开放了黑人的潮流，并创建了一个向大众出售服装的平台。在MTV开始播放说唱和嘻哈视频后，出现了大量对明星所穿服饰的需求。某个视频中所穿的单品或款式销会迅速销售一空。MTV很久才发现这一点，但出于法律原因，他们意识到这一点后，就开始将衣服上的标志和印记模糊化。尽管如此，美国城郊的白人少年永远听不腻Yo! 的音乐，更重要的是，音乐人和演员在屏幕上所展现的风格和态度，无论是在视频中还是在现场。屏幕成为一种快速建立品牌认知度的工具。说唱歌手和DJ在给孩子们传授街头风格和街头智慧。

电视节目和电影持续在街头服饰的发展中发挥了重要作用。*The Fresh Prince*（演员Will Smith 穿着Cross Colours不予出售的样品）、Spike Lee的*School Daze*（采用Williwear的服装）和*Do the Right Thing*（Nike的运动鞋）等电影为在植入针对美国非裔的屏幕广告敞开了大门。时尚界认识到黑人文化是一个具有发展潜力的提案。那些意识到嘻哈文化可以赚钱的WASP精英，从未如此深入研究任何陌生文化。

虽然Yo! MTV Raps的总部在纽约，但它每个周末

都会到各地巡回，让美国各个地方都能看到别人在穿着什么，而这些地方原本已有自己的衣着风格。百花齐放，开到了世界各地。1989年，英国Sky TV为大众带来了MTV（在此之前，MTV只属于富人，只有他们能买得起卫星天线）。

嘻哈风和一些学院风结合，构成一种都市风格。嘻哈风的服饰可以在Delancey街（下东区）、犹太裔聚集区和Frank's Sporting Goods（都在布朗克斯区）以及Colosseum Mall（皇后区）购买。这种造型风格服饰深受基础款（必备款）服饰的影响。毒贩在街角长时间站着需要实用的衣服，尤其是在纽约严寒的冬天。Timberland和Redwing的靴子、羽绒夹克、帆船外套（Helly Hansen、Ralph Lauren、Tommy Hilfiger和Nautica）、羊毛保暖帽也是这一潮流的一部分。

在嘻哈风大热之前，人们除了购买白人品牌外，别无选择，比如Troop、Get Use、Major Damage和5001。嘻哈风的流行度和商业可行性为真正的黑人自有品牌在市面上出现清理了障碍。20世纪70年代中期后，Willi Smith推出了前文提到的大尺码服装（详见第23页），成为美国第一位非洲裔的主流时装设计师。他是第一位受到运动服装和街头文化影响的人，具有强烈的种族风格。Smith在1987年去世时，Williwear已经是一家价值2 500万美元的企业。这是一种有待商业化的文化。

对页

Spike Lee的"Malcolm X"帽子在日本的广告。Spike明白将他的电影作为民族认同和集体记忆的象征，具备强大的营销力量。

下

Williwear的创始人Willi Smith，1982年摄于纽约西村。

对页

Spike Lee的"Malcolm X"帽子在日本的广告。Spike明白将他的电影作为民族认同和集体记忆的象征，具备强大的营销力量。

下

Williwear的创始人Willi Smith，1982年摄于纽约西村。

■
右
Beastie Boys 和 RUN-DMC 在
出行车上，Ricky Powell 摄。

嘻哈风潮牌

Cross Colours, Dapper Dan, FUBU, Enyce, Phat Farm, Baby Phat, Perry Ellis, Tommy Hilfiger, PNB Nation, Rocawear, Pelle Pelle, Sedgwick and Cedar (致敬！), Wu-Wear

对页

Run-DMC在巴黎。照片由Ricky Powell拍摄，他记得他的独特技巧："拍这些照片的时候，我其实在吃着一个硬脆的牛角包。一手拿着牛角包，另一只手拍照。总共需要大概5分钟。我不想让自己或我拍摄的人感到难受。"

背面

Eric-B（穿着一件varsity定制夹克）和Chuck D，1980年摄于纽约。

124和125页

Breakdance街舞，在纽约街头出现的一种独特舞蹈风格，1986年在莫斯科演出（左）；Stetsasonic, Janette Beckman1988年摄于布鲁克林（右）。

嘻哈风潮品

8-ball 夹克、羊皮、背带裤、Levi's、Lee 牛仔裤（各种颜色）、polo 衫、格子衬衫、橄榄球衫、棒球帽、卡其裤、羽绒夹克、飞行员夹克、工地装（Carharrt 和 Dickies，工人牛仔裤和夹克）、运动服、粗鞋带、绳链、St Mary 勋章、非洲勋章和珠串、迷彩服、Kangol 帽、伐木工帽。

对页

来自 òL New York 的造型；LL Cool J 戴着黑色帽子，采用大量黄金饰品，20 世纪 80 年代摄于美国；Stüssy x Timberland 联名款；Biggie 所说的经典款 Carhartt 伐木工帽。

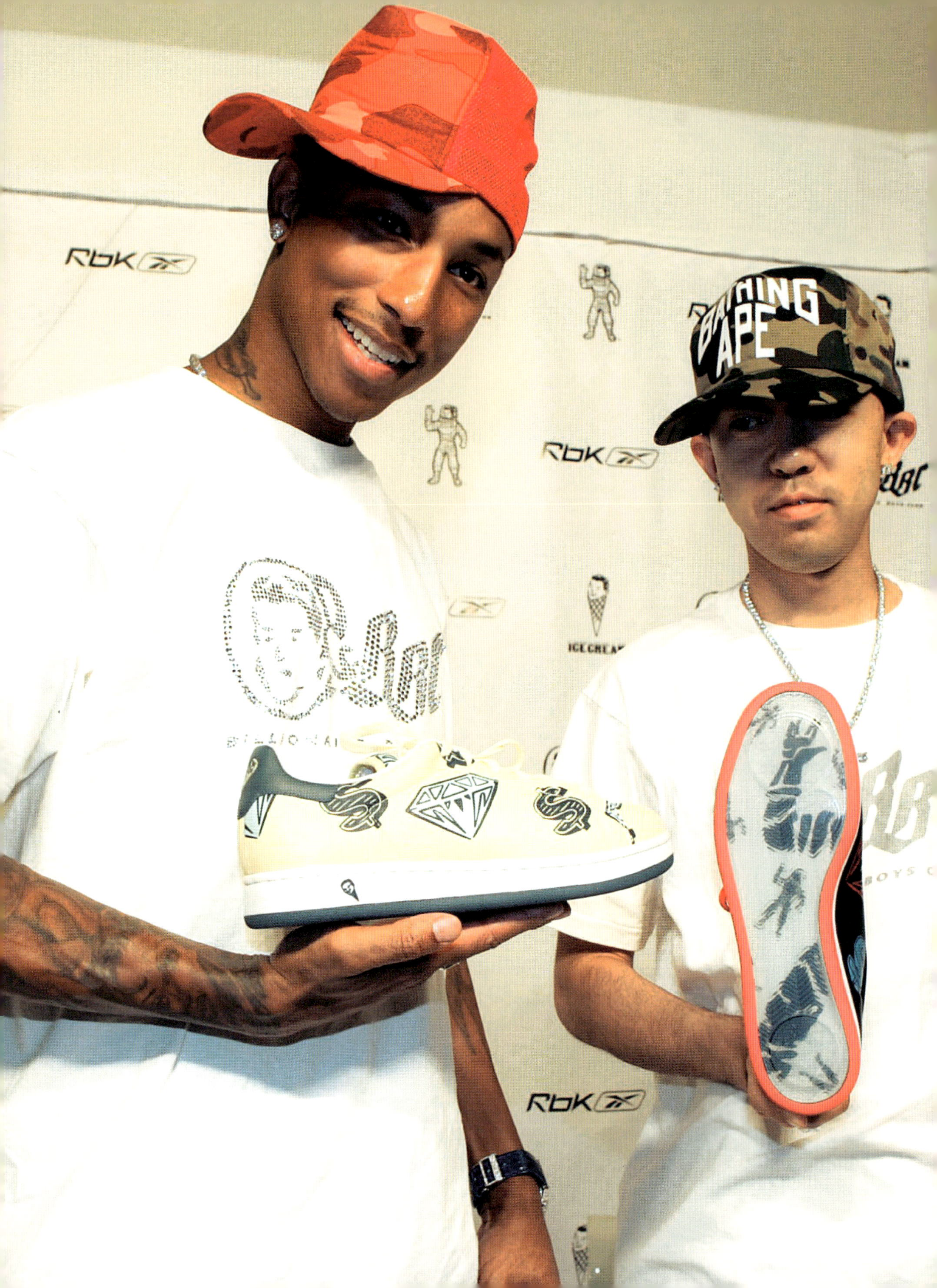
RbK
BATHING APE
ICECREAM
RbK
RbK

值得一提的嘻哈风/娱乐导向品牌

Beyoncé (House of Deréon, Ivy Park), Busta Rhymes (Bushi), Chuck D (Rapp Style International), Eminem (Shady), Eve (Fetish), Fat Joe (FJ560), 50 Cent (G-Unit), Jennifer Lopez (J.Lo), LL Cool J (Todd Smith), Master P (No Limit), Naughty By Nature (Naughty Gear), Pharrell Williams (Billionaire Boys Club, ICECREAM), Rihanna (Fenty), Russell Simmons (Phat Farm), Sean "Diddy" Combs (Sean John), Spike Lee (40 Acres and a Mule), The Fugees (Refugee Camp), The Notorious B.I.G. (Brooklyn Mint), Wu-Tang Clan (Wu-Wear)

对页

Pharrell Williams 和设计师 Nigo 在 Reebok 的 Williams's ICECREAM 鞋品和 Billionaire Boys Club 服装发布会，2004年摄于纽约。

对页

Cross Colours，Dr. Dre和Snoop共同出现在
Cross Colours的杂志封面上。

品牌聚焦:
CROSS COLOURS

源于West Coast，站在Williwear的肩膀上，这就是Cross Colours。该品牌由Carl Jones（平面设计师及丝网印刷制作者）和T.J. Walker（设计师）在目睹市场缺口后创立。一位推售员给他们提供了一些肯特布样品，Carl和T.J.开始考虑另辟蹊径，挖掘"种族市场"。自20世纪60年代黑人权力/意识运动和民权斗争以来，面向美国非裔的设计一直处于休眠状态。

Carl和T.J前往纽约进行研究，发现孩子们都穿着大尺码的衣服。回到洛杉矶后，他们开始设计小腰围的大码牛仔裤，对男女都更加合适，但看起来依然很大。他们还调整了尺码，中号实际上是大号的，以此类推。他们变卖了一切，创立Cross Colours，故意使用英式英语拼写，确保品牌不含负面帮派含义，以求吸引各类受众，无论黑人还是白人。该品牌的配色基于塞内加尔和牙买加风格，主要由黄色、绿色、红色，以及黑白构成。他们通过衣服传播理念，比如"爱超越肤色"和"用教育点亮心灵"。"它是一个有思想的服装系列，倡导和平，促进团结，呼吁采取行动制止暴力。"[2]

它的口号和使命宣言是"服装无偏见"。公司活动包括向前帮派捐款，以帮助孩子们找到工作。

起初四年内，Cross Colours实现了超1亿美元的销售额，但仍以失败告终。（它最大的卖场，全国零售店Merry-Go-round宣告破产；碰巧，Merry-Go-round一直以快速扭亏为盈能力闻名，是如今快时尚的开端。）然而，Cross Colours在当时是一个巨大的成功，培养了许多后来的自创品牌，包括April Walker（Walker Wear；她也曾为Phat Farm工作）、Tony Shellman（他在Cross Colours合作期间，曾为Walker Wear工作，后来创立了Mecca、Enyce和Parish Nation）、Karl Kani（Karl Kani的创始人兼首席执行官），以及Jeffrey Twedy（随后成为Sean John的总裁）。Walker Wear、Phat Farm、Karl Kani、Mecca、Enyce、PNB Nation、FUBU和Shabazz Brothers Underwear（沿用了嘻哈风营销方式，采用贴纸、海报、赠品和电台采访）是嘻哈品牌的第一波浪潮，成为人们所知的"街头服饰"。

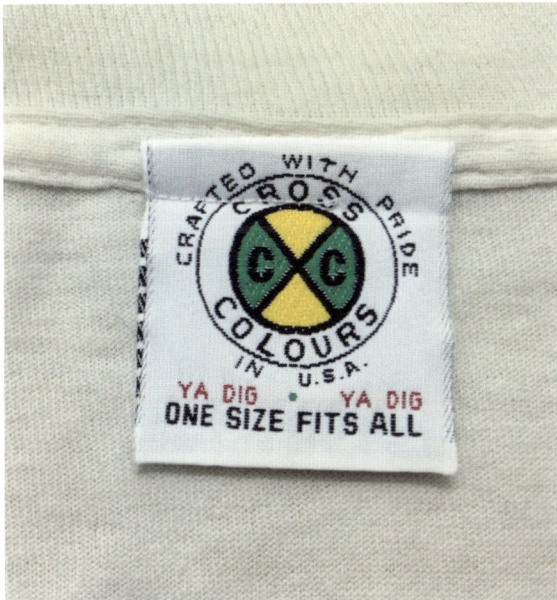

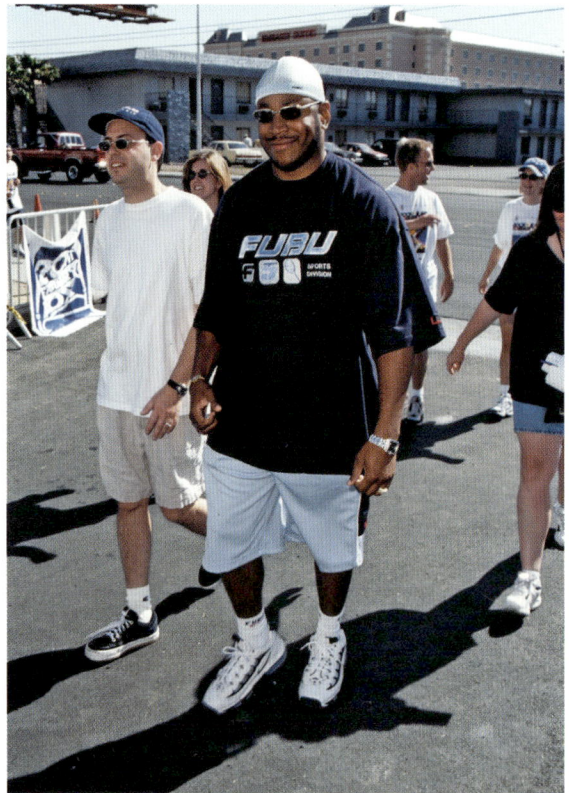

品牌聚焦：
FUBU

该公司由Daymond John、Keith Perrin、J. Alexander Martin和Carl Brown于1989年创立，名字取自黑人民权运动标语"For Us By Us – FUBU"（自由享有，自我创造）。John发现他在说唱音乐视频中喜欢的一顶礼帽在哪儿都买不到，他在街上卖掉了许多，赚了一大笔钱。随后，他和朋友们开始制作T恤、运动衫和羊毛衫。他们说服LL Cool J（John邻居的朋友）穿上FUBU的衣服摆姿势时，公司迎来重大突破。FUBU将这张照片的盈利价值发挥到了极致，在拉斯维加斯的一个展会的助力下，迅速获得超30万美元的订单。实际上他们承担不起展会的摊位费，但吸引了足够多的顾客到他们的酒店套房里看产品。

FUBU有了订单后，却无法生产：高街的银行拒绝了他们的商业贷款。幸好John的母亲提供了支持，把她的房子再次抵押。1995年，Samsung International对其大举投资，导致FUBU背负抛弃核心追随者的骂名。可是，如果没有这笔投资，FUBU就无法一度成为巨头。Samsung承接了所有订单的生产和分销。另获支持后，LL Cool J立即成为官方代言人和形象大使，在出席公开和电视活动、录制音乐视频及拍摄宣传照时，都穿着FUBU。

然而，在获得各主要百货商店分销后，该品牌传播变薄弱了。除了衣服，FUBU还推出了香水、鞋子、泳装和家居用品。在它的巅峰时期，曾拥有5 000多家美国门店和大量海外独立门店，年收入3.5亿美元。但它的独特性一去不回了，和街头文化已没有任何关系。它变得过于饱和，最初的追随者也都已离它而去。而且，由于公司的成功，许多嘻哈名人都想创办自己的品牌。但是，它也已创造了自己的光辉，拥有团结统一的初心：购买黑人的商品，不要只买白人的。至此，黑人自有/设计品牌的大门已经敞开。

对页

Yuki Haze（设计师、造型师）身穿FUBU，2016年；一件FUBU足球T恤；LL Cool J大约是20世纪90年代的。

访谈录: *ELI MORGAN GESNER*, 创意总监

Eli Morgan Gesner 是 Phat Farm、Zoo York 和 Close 等标志性品牌的创意总监。我们开车经过纽约时，和他坐在一起，向他提出了一系列问题。

您的第一次街头穿搭时刻是什么时候？第一次接触街头或运动服饰是什么时候，感受如何？ 在纽约长大，会总被"时尚"包围。甚至在我还是个孩子的时候，我妈妈就会用很酷的帽子或夹克来打扮我。但这些衣服的出现只是迎合了我当初购买它们的目的。让我觉得自己融入其中，有安全感，很酷。

几年后，我清楚地记得，1981年左右，在84街和百老汇大街的 Loews Movie Theater。当时我大约十岁，我在那里的游戏区玩。我在玩 Centipede 游戏时转过身去，看到一小群早期嘻哈风的孩子走了进来。他们比我大一点，大约十四五岁，都戴着滑雪护目镜和 Daniel Boone 的海狸皮帽。滑雪护目镜！我震惊了。在街上戴滑雪护目镜！大夏天的！这可不是护目镜的原本用途！这改变了我对一切的看法。这种行为很厉害、反叛、勇敢、酷爆了。我不知道这算不算街头服饰，但这是我第一次意识到，一个人可以穿任何他觉得很酷的衣服，而不一定是杂志和商店推荐你穿的衣服。

实际上，在我这一代之前，并没有真正被称为"街头服饰"的东西。Phat Farm 的另两位创立者是 Alyasha Jabril Owerka Moore 和 Paul Mittleman，在 Russell Simmons 让我们能够从头开始建立公司前，"街头服饰"指的是任何"街头"认为很酷的东西。各种单品拼凑搭配，没有服装行业的分类。贝壳头和

134

本页和下页

Eli Gesner在Zoo York历程的个人照：从此处到远方。Zoo York的起源和发展势头在于，它完美地捕获了它所代表群体的情绪，生活在社会边缘的滑板爱好者把闹市当作城郊。

135

Vans不是"街头服饰",是运动鞋。Stüssy和Vision Streetwear可能已经出现,但只是传达街头滑板服饰的概念,只是冲浪/滑板公司,并不是全新的服装类型。Girbaud和Levi's的牛仔裤、Carhartt的工作服、Champion的运动衫,这些单品搭配在一起,形成了前街头服饰时代所谓的"酷"。"街头服饰"这个词定义的是我和我的同代人最后所做出来的服饰。之前的服装类型没有这方面的尝试和适应。我们首创了这个概念,但找不到给它下定义的理由。只是当时觉得很酷的东西。

我认为Stüssy功不可没,是它撒下了"街头服饰"的种子。我十几岁时,为了Stüssy去玩滑板,当时它是80年代真正的"冲浪"品牌。Paul Mittleman可能是让Stüssy从"冲浪"品牌转变为"街头"品牌的关键人物,Stüssy也可能是第一个街头品牌。80年代后期,纽约出现了一小波"冲浪"热潮。当时最火的酒吧是Lucy's Surfateria,甚至连Fat Boys都和Beach Boys合作了一首说唱版的Wipeout。Paul是一名冲浪/滑板爱好者,在做冲浪板设计时认识了Shawn Stussy。Paul的父母在纽约拥有一家"酷"服装店,名为Pandemonium。但Pandemonium出售的是New Wave之类的服装,霓虹灯配色和疯狂的几何形状,非常80年代。Paul比Aly和我要大一点,作为一个时髦少年,他很快成了他父母服装店的"买手"。我还记得我们三个一起去纽约玩滑板,最后也不得不和Paul去各种衣服店,买新一季造型的服饰。想象一下,三个十几岁的滑板少年,在高级的市中心服装店展厅里,有模特给我们做专场展示,我们吃着现做的芝士汉堡。特别荒谬,但绝对是真的!

Paul把Shawn的Stüssy带到Pandemonium,Paul和Shawn都很用心经营,请Jeremy Henderson和Dante Ross做了Stüssy早期的标志性广告。这是这一切的开始。我相信不同的人对此会有不同的体验视角……这只是我的个人经历,地点在纽约,时间从20世纪80年代中期开始。

您的私人衣橱当中,最喜欢的街头服装是什么?为什么喜欢它? 90年代中期,我在搬家时找到了一件1987年的原版的Dogtown Aaron "Fingers" Murray黑色T恤,保存完好,被落了在衣柜抽屉的后面。我现在还会穿这件衣服。

您认为是什么让Zoo York和SHUT成为如此具有代表性的品牌? 一直有人问我这个问题。显然,努力工作、管理良好、求真务实、聘用优秀人才等是任何成功都不可或缺的。但是影响Zoo York和SHUT的一个重要因素是什么呢?和其他大多数革命性成功一样,就是"差异化战略"。说白了,就是"不要做别人都做的事"。于我而言,成功就是创造和实现一个让世界变得更好的想法。这是我的一生所求。金钱、认可、赞誉,真正成功了,都有这些副产品。但要不断提出标志性的、有影响力的、持久的概念,你必须开拓全新的领地。而这从本质上说,就充满危险。为此,你必须要愿意承担比大多数人更大的风险。

可惜,大多数人认为"成功"仅仅意味着富有。因此,他们为追求所谓"成功"所做的一切都只是为了获得财富。这会导致思维不具有革命性。"钱才是关键,钱就是目标。"这些人缺乏闯入未知空间冒险的勇气。这种态度叫"风险厌恶"型。这是大多数人选择的道路,而这条路就是去复制其他人的成功。这就是所谓的"随波逐流",在我们身边无处不在。比如奥运会的跳高比赛。曾经有一段时间,运动员们都是跑到高杆前,然后翻过去。然后,1968年,Dick Fosbury意识到,如果向后翻转,他可以拱起背部,同时四肢不会造成阻碍,可以在更高的地方越过高杆。那一年他获得了金牌。下一届奥运会,毫无意外,每个人都在学"Fosbury式跳高"。每个人都在追赶潮流,模仿其他成功的人。这就是核心因素所在。对我来说,积累财富不是重点。重点是改进你所在的行业系统。财富不是什么了不起的成就。每天都有人买彩票发财。这是什么高超的技能吗?当然不是。

那么，SHUT和Zoo York是如何成为标志性品牌的呢？ 是因为他们改进了滑板。在SHUT之前，滑板几乎是加州独有的活动。有几家总部不在加州的滑板公司，但他们没有关注到自身并不是加州公司的身份。他们做的恰恰相反，甚至对他们来自其他地方的事实闭口不言，希望大家能默认他们是加州人。SHUT的革命性之处在于，我们把我们来自纽约作为重点。这就是为什么SHUT是一家有传奇色彩的公司了。它证明了滑板运动可以在加利福尼亚之外的地方存在。这就是差异化战略。能够看到系统中明显相关的一个方面，但出于某些原因，没有人提出。世界各地都有滑板群体的存在，但每个人，包括我们，都曾相信"滑板=加州"，但事实并非如此。我们所做的就是把它作为重点。当然，这被当作是对加州本地行业的威胁，随后他们挖走了SHUT最初的团队成员，导致SHUT业务关停。那我们如何应对呢？我们还是坚持做和之前一样的事情。但是这一次，我们把新公司命名为Zoo York，这比咒骂那些加州的公司要有用得多。

这个策略在时尚/街头服饰中发挥作用是非常困难的。时尚，和人们普遍认为的一样，本质上就是追逐潮流。"每个人都穿着紧身裤，所以如果我们想卖点什么，就得生产紧身裤。"当代街头时尚虽然被看作是"潮流"，但其实完全是为了"融入"，为了"酷"。但是现在的"酷"是在传递一种信号，表示你知道，也非常关心某一部分人的喜好。当前的街头时尚并不是要去"特立独行"，而是不要"特立独行"。但我对那些特立独行、敢于冒险的人很感兴趣。人们喜欢20世纪90年代的俱乐部青年，或者我们现在的Mark Gonzales，穿着皮裤，戴着圆顶帽玩滑板。这些人敢于冒险，他们会被所谓的"酷"排斥。可能导致他们"时尚失败"或因为穿着与众不同而被嘲笑。在Supreme排队的孩子不会冒险，他们排队就是为了避免冒险，这样他们的衣着不会被嘲笑。这就是Supreme的卖点，安全，确保你穿的衣服不会让你被嘲笑。

您的第一个品牌是如何成功融资/生产/上线的？采取一切必需的手段！我和我的同伴是怎么创造出我们第一个品牌的？ 我们的经验不适用于任何想进入街头服装行业的新人。现在存在的基础设施，是我们建立下来的。在我们创业的时候，什么都没有。我们得自己弄明白怎么制作丝网印刷的T恤、绣花连帽衫和棒球帽上的补丁，就像在搞清楚飞行器怎么制造出来似的。现在孩子们可以在网上学到了。话虽如此，但还是有个诀窍。如果真的想建立一个改善时尚/街头服装界并且经得起时间考验的品牌或概念：给你一个提示。如果已有一个现成的系统，就意味着人们只是在追逐潮流，相互模仿。你可以后退一步，看看这个系统是如何运作的，找出不足之处。然后去做就是了。非常简单。

从您入行以来，这个行业发生了什么变化？ 一切都变了。刚开始的时候，我们没有"行业"概念。我们就是滑板涂鸦画手，尝试利用现有的衣服，实现自己想要的效果而已。想象一下，Hells Angels和Nabisco饼干公司的高管见面，然后说："你好，我们想要玉米饼口味的Twinkies饼干，可以一边开摩托车一边吃那种。"这也太疯狂了。至少，对于当时已成功的服装品牌，我们就是那么疯狂。我们几乎找不到任何现成的东西来做Phat Farm。我们的旗舰店在SoHo区的Prince街，但我们没有衣服。我们没有任何现成的东西，首先是因为我们不知道我们在做什么，但更多的是因为现有的纽约服装行业。我们在行业的末尾，没有人把我们当回事。

在Russell Simmons和Roots Canada的创始人Michael Budman及Don Green的一次偶然会面后，我们才有了实质进展。Michael和Don在一家餐厅认出了Russell，过来自我介绍。知道了他们是谁后，我们立马就跟在求救似的。我相信Michael和Don看到Phat Farm明显需要帮助，他们伸出援手，提供了他们在多伦多的所有资源。随后就是几个月的密集工作，我和Aly在纽约和多伦多间多次飞行，设计和制作

139

了Phat Farm的第一个系列，同时也学习所有我们能学到的服装公司实际运营知识。这就是千钧一刻。如果Roots愿意尝试，可能就不会有Phat Farm，也不会有Zoo York。而且，Zoo York的启动资金其实是由Phat Farm最初的丝网印花T恤商Keith Miller提供的。他们都在为未证实的想法承担巨大的商业风险。对当时的很多人来说，这些想法似乎很疯狂。"什么？说唱歌手做的衣服吗？""一家不在加州的滑板公司？"这些想法现在看起来已经合理了，但25年前，都是疯狂的言论。最终，这两个品牌都取得了成功。一旦成功，就会有"风险厌恶"型的人准备模仿你。一直都是这样。一段时间后，几十个人都模仿你之后，你会得到什么？你会得到一个"行业"。

便装派

这场风格运动源于英国的足球文化，
以及在昂贵的欧洲运动服商店里顺手牵羊。
足球流氓表现出激进的态度，
高级休闲装是关键——运动上衣、运动服，
最重要的是，
现已随处可见的运动鞋。

对页

英格兰和苏格兰双方的球迷冲突，1986年
摄于Wembley球场。

右
1988年英格兰足总杯第6场，温布尔登VS.沃特福德，欢庆的球迷冲入Plough Lane球场，围住Vinnie Jones。

对页

利兹便装派。作品名称One In Night, Morley、All Leeds Aren't We、Double Diamond，照片来自"Wish You Were Here"（希望你在身边）展览，由Andy Pye等人策展。

便装派风格运动起源于英格兰北部的足球文化。老一辈会穿着印有所支持俱乐部的颜色/图案的服装，而这场运动就是对此现象的一次呼应，强调和俱乐部相关的风格。部分品牌和服装和球队相关，比如曼城球迷穿的蓝色Sergio Tacchini运动服，如果支持曼联，就穿Fred Perry的Fila Bj。一开始颜色很重要，但是在伦敦，这种关联性发生了变化。因为切尔西穿蓝色（Adidas）、阿森纳是红色（Ellesse）和西汉姆是勃艮第红（Fred Perry）。便装派对应的英文"Casual"在英格兰南部使用，而在北部用的是"Dresser"。

这场运动最初是一种"在犯罪和帮派行为边缘的生活方式"。[1]随着英国交通系统的完善，年轻人开始成群结队地开车或乘坐货车去观看比赛。这些孩子希望自己不同于戴着圆帽子和条纹长围巾的老球迷，也就传统的白人工人阶层，也希望看起来成熟一点，避免警察注意，就像"商务休闲"风格一样的成熟。

由于移民的到来，新球迷更注重自己独特的文化和风格，哪怕是种族主义的圣曲和侮辱性的歌。这种地区主义增加了球迷和城市之间的竞争意识，并滋生了暴力文化，表现为每周一次的集体斗殴。这种恶性事件一直持续到20世纪90年代，英超制度的建立使足球运动得到整治，也对足球运动的发展起到了净化、商品化和大众营销的效果。

便装派风格运动诞生于1977年3月2日，利物浦球迷前往法国观看欧洲杯首回合对阵圣埃蒂安的比赛。利物浦虽然输掉了这场比赛，但球迷们发现，从当地的服装商店偷走昂贵的法国和意大利运动服十分容易。没有摄像头，没有商店看守人员，没有电子标签，也没有保安。店主也不知道是怎么了。回到英国后，他们发现合适的衣服种类极其有限，只能在几家高街商店和市场摊位上购买。此前，球迷并不执着于品牌，更多的只是为了实现特定的造型。在欧洲的多次旅行让这一切发生了改变，重点也从外表风格转到了品牌上。

"出生在利物浦意味着走在现在所谓'便装派文化'的前沿。1977年，除了蓬勃发展的朋克现象，时尚界也发生了巨变。利物浦对当时的时尚有独特的理解。喇叭牛仔裤变成了窄口直筒牛仔裤，衬衫领子变小很多，但最突出的是，运动鞋成了人们最常见的鞋子。在此之前，运动鞋从来都不是日常休闲的主要着装。这是一个开始，虽然我们当时并不知道，但'便装派文化'永远改变了高街。因为运动鞋是休闲风的潮流，我最早的记忆就是想要一双Adidas Samba。身边几个朋友有，在安菲尔德（Anfield）球场看到其他人也有，这会影响14岁少年的想法。他的父母已经确保他在经济衰退和困难期间有衣服可穿了，但是买一双20英镑的黑色Adidas Samba可以吗？如果Mitre还在卖12英镑一双的黑色运动鞋，就不可以。他们有错吗？于是，我迅速地学到了一课。（便装派）文化中不可或缺的就是拥有一双合适的运动鞋，无论花费多少。"

Dave Hewiston，便装派代表人物

对页

东伦敦Wanstead的便装派（左上和左下），摄于1983年；伦敦Stamford Bridge old West Stand看台上的足球迷（右上），摄于1985年左右。

上

一名足球闹事人员在扰乱比赛后被遣离球场，1971年摄于英国。

背面

西汉姆联球队的支持者庆祝在足总杯决赛中战胜阿森纳，1980年5月11日摄于伦敦东区。

便装派代表品牌

Rare Adidas and Puma items, Fila, Lacoste, Sergio Tacchini, Pringle, Lyle & Scott, C.P. Company, Stone Island, Lois, Pierre Cardin, Kappa, Ellesse, Farah, Baracuta, Gabicci, Chevignon, Fiorucci, Henri Lloyd, Engineered Garments, Wood Wood, You Must Create (YMC), Albam, A.P.C., Folk, Garb Store, One True Saxon, 6876

背面

一叠Lacostes，每个便装派爱好者的梦想；严肃搭配系列，Daks衬衫和围巾、Pringle毛衣、Farah便装裤和限量版Adidas Gazelles；经久耐用的Barbour；ASOS模特展示了Sergio Tacchini的运动服上衣现在应该怎么穿。

左

Aquascutum夹克、Lois牛仔裤和Kickers的海军风Kick Hi靴子。

对页

Nigel Cabourn 2015秋冬系列,Army Lybro外套,专注打造运动便装风格,Ben Benoliel摄于2016年。

随着利物浦继续赢得球赛,球迷们开始在欧洲各城市间穿梭,他们抢劫狂欢。他们带着巨大的空袋子上路,装满当地的商品。藏进车站储物柜里,再把钥匙藏起来。身上不带现金,也没有随身行李。曼彻斯特球迷也听说了欧洲大陆运动服的风声,虽然他们的球队没有参加欧洲杯,他们也加入了"购物"之旅。两个城市之间的竞争被重新点燃:利物浦和曼彻斯特都认为自己比对方更时尚、更精明。重返了两个城市在贸易上互相竞争的旧时光(利物浦在航运和原材料方面具有优势,曼彻斯特在布料和服装制造方面更擅长)。实际上,利物浦一直不同于英国的其他地区,也许和都柏林或纽约有更多的相似之处。当地人具有独特的风格,

源于利物浦人所秉承的个人主义态度,这可能是受码头引进的不同文化所影响。如此说来,似乎颇具讽刺意味,因为我们知道许多足球迷都是坚定的种族主义者。

便装派(Dresser)风格起源于欧洲各城市与小镇的高街,传向北英格兰,然后随着伦敦的城市引力向南移动,在伦敦重新命名为"Casual"。最初是一种群体标记,很快成了更合适的着装,因为球迷需要比天天追着他们跑的警察快一些。你的衣服越时髦、越贵,就越能说明你不是个业余球迷。因此,Aquascutum、Burberry和Barbour等品牌陆续推出。于是,上流社会的制服又再次成为带有街头气息的东西。

电音风

服装和音乐的热爱有所冲突的新现象，
可以在俱乐部看到，
俱乐部是呈现这种新现象的重要场所。
你的衣着说明了你经常去的俱乐部。
俱乐部是20世纪80年代和
90年代的亚文化场景，
也是时尚的无意且非官方的展示窗口。

对页

Acid House 的电子音乐爱好者，1989年摄
于英国。嗑药会严重损坏你的时尚品位。

回到20世纪70年代末/80年代初，Blitz Club、WAG、Le Beat Route都建立在爵士乐时代的废墟上。（爵士乐改变了一切，酷得毫不费力；它可能是第一个真正对人们穿着、阅读和音乐产生影响的亚文化）。伦敦的俱乐部对新的亚文化日益重要。俱乐部的起源是一种盛装活动，不是出去结交异性。它的出现可以直接追溯到David Bowie在Soho区Wardour街Crackers的那个夜晚，这里其他夜晚就是个你不会想再多看一眼的俱乐部。

"Crackers，是个值得去看看的俱乐部，是1975年底到1976年夏天最有影响力的地方。伦敦城内充满了秘密，它正是这个城市的核心。到了Crackers，你会看到最好的舞者、来自托特纳姆和布里克斯顿的年轻黑人、最漂亮的女孩、最有文化的音乐爱好者、装扮最大胆的人，你会觉得自己身处天堂。"

Robert Elms，作家兼广播员[1]

对于来自布罗姆利郊区的Bowie来说，时尚是他流行音乐大众形象的重要组成部分，这点他在层出不穷的俱乐部里得到了印证，感谢集体意识和良好机遇。他对装扮和探索新自我的热爱，让他的粉丝们拥有的直接的视觉线索，将时尚和音乐连接起来。Bowie推动了这场变革，正如流行音乐杂志和其他媒体中所记录的，它为那些想跟随他并改变着装的人们制定了蓝图。Boy George写道："这都怪Bowie，我们都成了Bowie的孩子。"

郊区的孩子们蜂拥来到伦敦，寻找他们认为自己能适应的地方，然后是这些地方也适合他们。这是一件双向的事情。理工学院和艺术学校起到了重要作用，当时工人阶层的孩子能够获得助学金，即含生活费的全薪学位资助。这些学生和他人格格不入。于是，俱乐部成了主流之外的选择，盛装打扮、摆姿势、跳舞、创作音乐、酩酊大醉，这些都是美好夜晚的组成部分。俱乐部是一个可以安全表达自我的地方，因为去酒吧，或者只是走在街上都太危险了，会因为看起来不一样而被殴打。同性恋俱乐部是个更安全的着装场所，氛围也更为友好。

你的着装反映了你常去的俱乐部，而且俱乐部经营者经常也拥有卖衣服的商店。因此，你曾经购衣的地方也将你选择的俱乐部作为品牌创意/服装的延伸。同时，柜台上成堆的传单和爱好者杂志提供了主要的俱乐部信息。这就是你最初的互联网。

不同的造型/群体大致可以分为以下派别：New Romantic（Blitz，褶边衬衫）；Goth（Camden Palace or Club For Heroes，大量黑色和奇怪的乌鸦）；Buffalo（The Wag和Levi's，白色T恤和皮制摩托夹克）；Rave（The Brain，所有宽松的款式）；High Camp（Taboo and Mud Club，最疯狂的服装）。每个时尚流派都有属于自己的一夜，这就是造型推出并滥大街的时候。每周的大事就是把你的衣服搭配好，做出来。没有现成的方案，大多数要展现原始风格的人必须要对缝纫机很在行，或者认识擅长操作缝纫机的人。这种DIY精神对新兴的街头服饰场景产生了巨大影响，因为它有利于定义造型是如何创造的，以及造型的代表服装是如何生产的。有想法很容易，困难的是把想法变成现实。20世纪80年代中后期的伦敦俱乐部现象对街头服饰有着无法消除的影响。

Taboo俱乐部在1985年至1986年期间营业，由Leigh Bowery和他的朋友们经营，联合创始人有Tony Gordon、DJ Tavy Tim、Princess Julia in the cloakroom、Trojan、the Saint Martin's/fashion brigade（John Galliano、David Holah of Bodymap、Stephen Linard）、家具商Andy、the whole do-it-yourself Bloomsbury crew of Andrew Logan、Luciano Martinez and Kevin Whitney、the dancer Michael Clark、Duggie Fields、Lesley Chilkes和Judy Blame

右

Stephen Linard和Stephen Jones在St Moritz俱乐部，1980年摄于伦敦。

下

David Bowie在Blitz Club，1979摄于伦敦。

背面

Leigh Bowery和Boy George盛装出席Blitz Designer Collection时装秀，1986年摄于伦敦Albery Theatre。

以及许多其他画家、化妆艺术家和珠宝设计师。这里是波西米亚风的，因为没钱，大多数人都食用吐司夹各式奶酪为生。下午2点起床，晚上不睡觉，继续做前一天的衣服。

Bowery决定要建立俱乐部时，他想在其他人可望不可及的地方建，所以他在Leicester广场一家名为Maximus的俱乐部里创办了Taboo。大多数建立另类俱乐部的人都选择在远离第五区的破烂地窖酒吧里。而Bowery选择了一个宽敞时髦的、绚丽迷人的地方。地处中心，明亮时尚，有镜球装饰，可下降式的屏幕，播放着Madonna的视频。其他人用黑白传单来宣传，随彩色毛毡一同分发。但Bowery和他们不同，他收集扑克牌和其他零碎的物件，用缝纫机将信息缝在每张扑克牌上，在背面用金色和银色钢笔写出俱乐部的情况，再把卡片分发给真正想去的人。

Taboo的有趣之处在于它的装扮文化。这对同性恋俱乐部会员来说尤其重要。从历史上看，男同性恋者和女同性恋者一直无法自由地表达自己。几百年来，他们不得不隐藏起来。一直以来，他们都有自己的专门俱乐部、出行区域和特定的着装方式，比如在小指上戴戒指，或者特定的颜色，比如紫色，或者对细节的关注，比如帽子的倾斜程度。许多细小的信号被挖掘出来，犹如街头风格的开始。现在，他们可以和异性恋者去同一个俱乐部，自由地表达自己的服装风格，越夸张越好。虽然Taboo这样的地方并没有营业多久，但它们的印记已不可磨灭。

"18个月后，它有点偏离路线了，变得很糟糕。因为以前不能进来的人都来了，这样员工才能拿到工资。造型的多样性已经走下坡路，E时代悄悄到来，像是在臭烘烘的仓库里开派对的场景。一天晚上，我在大舞区旁边水果机前对Leigh说：'你该把这里关了，它已经变味了。我可以出一个小小的毒品新闻稿，然后

关了它。'老Bowery把戴着手套的右手举到嘴边说：'办！'第二天，我去了《每日邮报》的 *You* 杂志社，几周后，俱乐部就'砰'的一声关门了。"

Paul Hartnett, 摄影师

Visage在Blitz俱乐部门外，1980年摄于伦敦：Rusty Egan、John McGeogh、Barry Adamson、Billy Currie、Dave Formula、Steve Strange和Midge Ure。

下

在Leigh Bowery的Taboo俱乐部里的人们，1986年摄于伦敦：有（远处左侧）DJ Princess Julia在Boy George联合设计师Mike Nichols身边，Paul Hartnett摄。

背面

Steve Strange 再次更换服装和发型，摄于1985年。

到了20世纪80年代末,伦敦已经成为国际时尚之都。时尚业是英国的第五大产业,年价值60亿英镑,得到政府的大力支持(Margaret Thatcher就很喜欢英式的"时尚")。成立于1983年的英国时装协会(British Fashion Council),已成为伦敦时装周的支撑力量,为英国设计师向买家和记者展示、销售服装提供了基础设施。这具有重大作用。国际买家,尤其是来自美国和日本的买家,会飞过来参加时装秀,可以从伦敦设计的造型中得到灵感。Saks and Macy等美国百货商店开始引进英国设计品牌,带来了品牌和业务的大幅增长。

但与此同时,"街头时尚"和"高端定制"的分类,导致两者之间出现了巨大的鸿沟,也就是低端艺术和高雅艺术的区别。街头时尚品牌Boy、Destroy和所有带有苏联标志的品牌都是"低端"的代表,这些品牌和高端市场的Antony Price、John Galliano和Yohji Yamamoto竞争。实际上,少数幸运儿(买得起的那些人)经常把这两种风格搭在一起,因此在某种意义上,"低端"和"高端"开始融合。但在工艺方面,仍然存在很大的区别。媒体追捧的Katharine Hamnett在街上穿着她的大号标语T恤,这种出现在T台会很疯狂的衣服。T台,不是一个能找到那件T恤的地方,也并不是本书的初衷。

高端定制得到政府的支持,公众也目睹了戴安娜王妃对其的喜爱。她当时常年出镜,是英国设计师活生生的广告。这种高端会出现在Vogue和Harper's等杂志上,而街头的代表则是Face、Blitz和i-D(幸好有这些新兴杂志,年轻俱乐部者们得到启发,从而感染了

168

东京和纽约的时尚血液，这是伦敦强大国际影响力的又一佐证）。但新兴的无政府主义街头服饰品牌的运营更像是临时随机的游击战，并不稳定。许多品牌来去匆匆，但这也是街头服饰的特点之一。潮流的即时性就是一切，也什么都留不下。但一个重要的思路是：街头服饰无须永远存在。便宜易得，而且总能从其他事物中诞生，这无论在过去、现在或将来都受此影响。

这让我们把目光转向下一个街头现象。电子音乐、浩室、Acid或者Balearic，其实都是一样的，都有着非常清晰的时尚造型：宽大的衣服提供了通宵跳舞的空间（high on E）；民族印花和面料对Dagenham或Salford的电音爱好者非常陌生，但却又莫名适合；五颜六色的Kickers、Palladium或Clarks Wallabee靴子；Travel Fox运动鞋；Reebok Classic靴子；Oshkosh B'Gosh背带裤（一直被模仿，从未被超越）；各种头巾（人无完人）；纽扣帽；袖子上有标语的长袖T恤；夜晚的墨镜。

浩室音乐从何而来？过程是类似这样的。这场风格运动起源于20世纪70年代纽约的各大俱乐部，比如Loft（DJ David Mancuso）、Paradise Garage（DJ Larry Levan）、芝加哥的the Warehouse（DJ Frankie Knuckles；这里正是"浩室"这一词的起源地）、DJ大卫·曼库索（DJ David Mancuso）和后来80年代末的the Music Institute in Detroit（DJs Derrick May, Kevin Saunderson and Juan Atkins）。音乐、俱乐部和他们的学习者仅在亚文化中存在，但和所有的好东西一样，它们出现的时间很短暂，如我们所见，它们是所有重要运动的关键部分，尽管衣服本身可能会经久不衰。12英寸的黑胶唱片、小众电台节目、自制的混音带、偶尔的爱好者杂志和口碑都在传播着信息。要记住，浩室音乐源于黑人和需求必要性（靠的是鼓和贝司线机，而不是音乐人），而精神层面上，4-to-the-floor节奏背后的影响大多来自欧洲白人：Kraftwerk、Giorgio Moroder、Depeche Mode、Manuel Göttsching和Joy Division/New Order，许多早期的俱乐部人还保留着制服和运动服的元素。

很快，这一现象开始广泛传播。20世纪80年代中期，DJ Mike Pickering在曼彻斯特与New Order合作，迅速当红的The Haçienda俱乐部才刚刚在那里开业。Pickering和New Order在1985年前往纽约，当时Pickering发现了Loft和Paradise Garage。"我被震惊了，我就是这么容易被吓到。"于是我回到The Haçienda，我想，这才是音乐该有的样子。所以我拔出麦克风；这就是未来。北方的很多电音爱好者之前都是休闲风着装，他们不停地在各亚文化之间转移，而随着浩室音乐整夜跳舞比跟不同球队的支持者酒后打架要好得多。

对页

1989年，曼彻斯特The Haçienda的Temperance之夜，在主舞台上的电音爱好者；1988年，伦敦Acid House楼梯上的电音爱好者；1989年，The Haçienda主舞台上的人们。

对页

穿着金属扣腰带、笑脸T恤，戴着头巾的电音爱好者，1990年摄于伦敦。

本页

锐舞爱好者在Fantazia rave排队，Ted Polhemus 1993年摄于Castle Donington, Leicestershire。

俱乐部/锐舞代表品牌

Adidas，Boy London，NASA，OshKosh B'Gosh，Kickers，Palladium，Duffer of St George，Best Company，CP，Chevignon，Fiorucci，Chipie、Body Map, Soul II Soul, Gio-Goi, the first Sight of Stüssy, Sign of the Times，CCCP，Tide

对页

Drink Beer Save Water 几何板T恤, Stüssy
的SS Link pork pie帽, Carhartt Skinny 修
身背带裤, Stüssy嬉皮休闲裤。

他们穿着Affleck's Palace的喇叭裤和带有丝网印刷图片的长袖白色T恤，就像Ian Brown在Fools Gold视频所穿的Paul Smith "Money" T恤。（其实很多T恤上都印着石头玫瑰的图案）。从The Haçienda和 Sweat It Out（曼彻斯特第一个非法的Acid House派对）中，Chris和Anthony Donnelly创立了具有影响力的街头服饰品牌Gio-Goi。

至1987年，浩室音乐达到高潮，自由地涌向世界。伊维萨岛是嬉皮士、富人、试验精神者和思想开放者的天堂，因为它没有引渡条款，许多人才都选择在那里度过余生，于是，这个地方变得非常有趣。那里的居民之一是阿根廷记者Alfredo Fiorito，他在80年代中期是当时另类俱乐部Amnesia的常驻DJ。他不是常规的DJ，他演奏所有能跳舞的音乐，只要符合他的标准——感觉要对。Balearic Beats的发展非常偶然。

"以前我会给忙着赚钱的工人们放音乐，比如Moments in Love、E2-E4、Marvin Gaye，以及从KU过来的人都会听（可以在路上听到）的歌。十天后，迪斯科舞厅就人满为患了。这些都不是一般人：从其他俱乐部过来的工作人员，坚持到最后的人才是真正有夜生活的人。

这些人来自各个地方，非常国际化。年龄从18岁到50岁不等，覆盖各类肤色、种族。要想让世界各地的人都跳起舞来，你得给他们讲个故事。我拥有绝佳的机会来发出自己的声音，因为当时是从零开始的。"

Alfredo Fiorito, DJ

Alfredo 在Amnesia 演奏的Balearic Beats让听众都回到了一度没落的英国。那时的英国被好像故意变差的俱乐部和电台控制着，都在播放着糟糕的工厂风热门音乐。曼彻斯特很快就接受了这种新的声音，随后，伦敦的俱乐部，如Trip、Shoom和Spectrum也喜爱这种音乐，电子音乐应运而生。在英格兰处处举行的仓库派对不仅改变了我们在那些另类/非法场所听音乐和跳舞的方式，让我们挺电台时会选择海盗电台而不是第一电台或首都电台，而且还改变了我们的着装方式。在接下来的20年里，浩室音乐，无论叫成什么，Techno, Trance, 还是EDM，都成为了一种全球级的现象。

对页

Amnesia II 院子里跳舞的人们，1989年摄于伊维萨岛（左上和左下）；舞蹈演员在Pacha稍作休息，1989年摄于伊维萨岛（右上）。

档案: MARK WIGAN和 THE BRAIN俱乐部

Mark "Wigan" Williams在街头服饰的发展历程中发挥了重要作用，他为i-D、NME、Time Out和City Limits等杂志绘制素描报道，以独特的方式记录人们的穿着和语言，并参与了The Brain俱乐部的创立，这是伦敦第一家积极将时尚与艺术、设计、媒体和音乐联系起来的俱乐部，为志同道合的人提供了交流和创作的空间。

"1989年的一天，我散步到The Brain俱乐部，和Wigan交谈。离开的时候，就已经安排好了我的第一次展览。我成了那里的常驻艺术家之一，并在一年的时间里过去闲逛、喝醉、结识（以及打扰）别人。但更重要的是，我从那里的人身上 汲取了时尚和影响，比如街头服饰典范Barnzley、Sandals的Derek Delves、Bananarama 的Keren、George Michael和DJ Alfredo。"

King ADZ

1989年，Mark成立了The Brain俱乐部，当时他可能是29岁的"高龄"了。在Hull获得平面设计学位后，他直接去了伦敦，一年内开始在i-D杂志工作，担任摄影师和记者，专职点评俱乐部。"i-D的工作相当心甘情愿，每周工作几天，大多数晚上都会去俱乐部，这也是我建立俱乐部、举办派对/通宵聚会的开端。"我开始把我的设计印在T恤上，是我周末在Camden市场做的，所以很多来俱乐部的人都穿着我的设计，这是很好的广告方式，因为他们会穿着T恤去俱乐部。随后，我开始给i-D、NME、Time Out和City Limits画插图。这些画记录了当时俱乐部里人们的时尚和风格、语言和舞风。

Mark开始主办仓库聚会，也开始举办室内绘画俱乐部并现场绘画。随之而来的日本时尚杂志的委托，如Popeye，通过它高度原创的社会记录方式——直接的绘图报道，让它呈现伦敦的场景。到1986年，他被邀请前往纽约。Andy Warhol看到了我在伦敦的作品，带我去第六大道的Limelight俱乐部里作画。我在那里停留了几个星期，通过Warhol，我在工作室见到了Keith Hering和Jean-Michel Basquiat，还有80年代末的许多重要人物。

之后，Mark前往东京，那里多年来一直是他作品的主要市场。通过人们口口相传、影印的传单、他在俱乐部画的壁画和他的T恤设计，他创造了属于自己独特的品牌艺术和潮流，深受日本人喜爱。"我到日本的时候，我发现他们在抄袭我的T恤，所以有很多孩子都穿着我的设计，熟悉我的款式。我找了中介，开始印制T恤，在日本各地巡回做俱乐部的室内设计，为电视广告做造型和艺术指导，甚至在屏幕上做绘画直播。"Mark的艺术融入了日本广告的奇妙世界，当时日本没有那么多西方人，他遇到的人大多是国际设计

本页

Mark Wigan 和 Sean McLusky 在 Brain 俱乐部，1989 年摄于伦敦；Kerry Baldry 坐在 Brain 俱乐部的一张黑白椅子上，摄于1990年。

"1989年，当电子音乐潮流全面上演时，我正就读于圣马丁艺术学院，饰演 *The World Famous Temple of Shaolin* 中的一个角色。我们开始在大学里举办电音派对，很多人甚至都不知道发生了什么。我还记得，当时我在尝试做个DJ，一个女孩走过来，让我演奏些慢一点的。就在那时，我意识到没有人真的知道流行是什么，尤其是时尚方面。那天晚上我穿了一件勃艮第尼龙喇叭裤和一双Reebok鞋，有人说这造型特别时髦。也就是在这个时期，我发现了Brain俱乐部的存在，我十分震惊。因为它是俱乐部，是画廊，也是一类创意人士聚集的地方。"

King ADZ

师，比如Malcolm Garrett、Nigel Coates，以及作家William Gibson和Timothy Leary。那是一段在东京的美好时光，当时做这件事的人很少。日本人对整个伦敦地下俱乐部和时尚界都非常熟悉。他们是宅男派，在Taboo之类的俱乐部里总有日本人。

回到伦敦，Brain俱乐部也演变出电子音乐的场景。至1988年，作为大型浩室音乐主办地点的Spectrum、Trip和Land of Oz等俱乐部的已经来了。"但我想做些类似东京P. Picasso俱乐部那样的事情，这个小空间只有200个位置，但一周每晚上都播放不同的音乐。一晚放传统嘻哈音乐，然后浩室音乐、雷鬼、60年代的灵魂乐、rare groove、休息室音乐、异国风，一周中每晚都有各类声音，我们会请代发起人来主持派对。"除了想做回相对更小的东西，Mark还想为设计师和艺术家建立一个大熔炉，让大家有机会举办展览。Brain俱乐部将成为一个多功能交流空间。白天是美术馆、功能饮料咖啡馆和Angel Biotech俱乐部服装店；它也是Wardour街的创意中心。大概也是在那时，Mark开始筛选设计，用在长袖T恤上。"我做了袖子上有部落元素的宽松T恤，人们过去排队去Spectrum买衣服，穿着它们去旅行。"他的衣服在牛津街M*A*S*H出售，牛津街是英国首批重要的街头服装店之一，因此，他的衣服在首都各地的俱乐部都有人穿，然后再带到郊区和其他城镇。由此可以瞥见街头服装业是如何开始的。

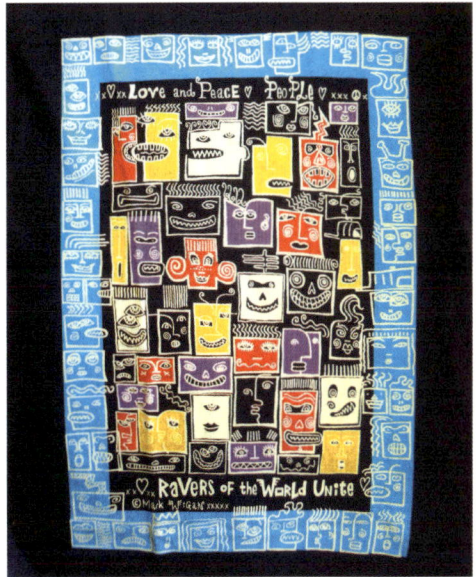

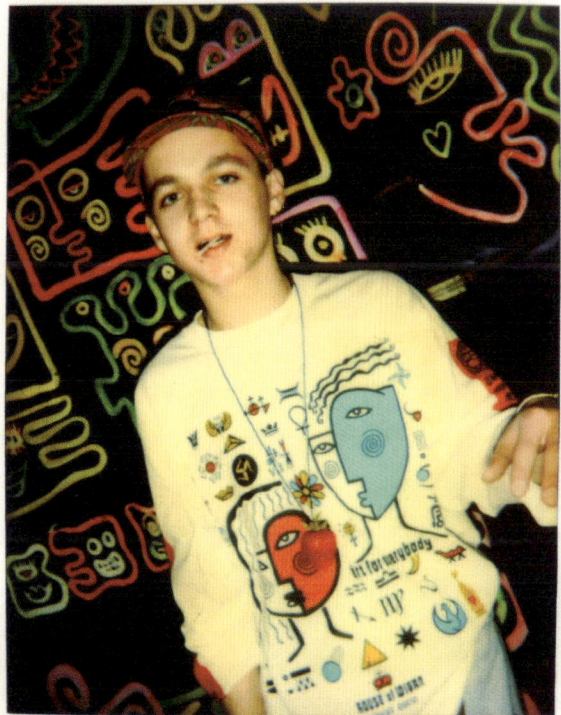

MITCH WITH ART FOR EVERYBODY T SHIRT.

本页

Mark Wigan电音服饰设计锦集，
1989年 至1990年；Mark Wigan
拍摄的拍立得照片。

我的街头服饰之路
MARK WIGAN自述

"对我来说,一切始于20世纪70年代的北方灵魂乐服装文化。对于Soulie来说,这种风格很宽松,适合高难度的贴地动作。Spencer's是做出40英寸宽的'灵魂袋'的品牌。我穿的海军蓝或米色,全补丁牛仔和灯芯绒,有八个褶和重叠的后口袋。我们会穿着这些衣服去Wigan Casino和Blackpool Mecca。我的造型还有印着《龙争虎斗》里的李小龙的背心、红色或白色的袜子、贴着灵魂风补丁的保龄球衫、背心、一条塞在白色皮带里的啤酒巾、一件袖口缝着成排纽扣的夹克和一件长款皮大衣。Solatio设计的那种皮底鞋叫'Crossover',多条皮革缝制在一起。

"与其说我是朋克,不如说我是灵魂风男孩。20世纪80年代初,在后朋克时代的艺术学校,我留着楔形短发,穿着定制款、Dr.Martens乐福鞋、马海毛套头衫、平整的Harringtons裤子、60年代原版套装,以及各类淘来的旧货。80年代的大部分时间里,我留着后梳的发型,穿着40年代的Burton定做西装、箭领衬衫、雨衣、人形双排扣大衣、Art Deco风格的宽领带、

毛毡帽、八面板平顶男帽、软呢帽、背带、领带别针、斜纹袜子和对应的鞋子。

"1986年,我和画家Yuval Zommer合作,成立了Urbanites绘画艺术二人组,在伦敦的Scala Cinema、Astoria and Kensington Market等地方绘制壁画。这个时候,我正作为i-D的外派记者和'摄影之王'去世界各地的俱乐部,我留着圆圆的发型,穿着我的黑色定制MA-1夹克,上面有各种缝制的补丁和大头针徽章,反映了我不同的影响来源,包括街舞男孩的造型、伦敦和纽约风格与顶尖Troop运动鞋的融合、一条印有'Wigan'的名牌腰带,经典的Levi's 501,Dr.Martens的钢头靴、Seditionaries bondage裤子、Vivienne Westwood的orb和山地帽子、Renault的自行车衬衫和帽子,还有International Stüssy Tribe社群的运动夹克(不是同时穿着)。

"20世纪80年代末,我常驻日本,在放拉丁爵士乐、曼波舞和放克的俱乐部里跳舞。我穿上了日本的设计师西装,Takeo Kikuchi的双排扣亚麻西装、草帽、

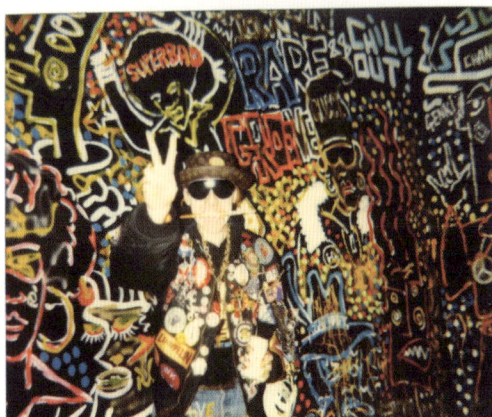

Gold YEN symbol: HARAJAKU.
LV Hat by Dept Store, beer by KIRIN
Shades from Shibuya, Painting and
Posing by WIGANOVSKY 1988

衬衫和皮鞋、Yohji Yamamoto的黑色宽松西装和黑色Palladium高跟鞋。

"1988年和1989年，Acid House音乐在 *Summers of Love* 走红之后，我加入了电子舞蹈革命，为一个叫Gerald的人设计音乐绘画。当时我穿着长袖T恤，有种族影响的夹克和帽子，比如World和Bond。

"1990年，在Brain，我们的时尚造型是白色的Levi's牛仔裤、Duffer of St George的夹克和上衣。90年代初，我和Sean McLusky在Maximus成立Loveranch，在Caféde Paris成立了Merry England。这两家俱乐部在伦敦西部洋溢着快乐的气息，成千上万的俱乐部爱好者再次开始盛装打扮。Psychedelic Skinhead的造型在Ranch流行起来：Duffer的皮裤、褶边衬衫、自行车靴，男士招牌发型；女孩也有性感迷人的装扮——羽毛围巾、低胸系带短裙、紧身胸衣、防水台高跟鞋。

"那时候，我策划了The Museum of Club Culture，与艺术家Kerry Balry共同记录和庆祝俱乐部文化，覆盖20世纪20年代以来世界各地的俱乐部文化。我经常在世界各地巡展和现场绘画，穿着法国工装夹克、复古夏威夷衬衫、Dickies的牛仔裤、Dr.Martens（从所列的时间起，我已开始为他们做设计）、喜欢的时候也会穿着40年代的复古西装。而且，像许多55岁的人一样，我仍然会去北方灵魂音乐风格的俱乐部，这是一个从未消失过的地下俱乐部文化，也是我在70年代第一次沉迷的地方。"

I Get Happy all you citizens of the N
HARD BOP
KILLING THE BASTARDS
AAAAIIIIIYYYY
STOP THE CITY!
AND THE MAN AT THE BACK SAID
PEOPLE NOT PROFIT!
CLUB speak
Sept 1984 manifestos FROM MR DADA
HIMSELF
WiGAN, ARTIST ANARCHIST, NIGHT OWL, HIP DUDE
AND THE TOULOUSE LAUTREC OF THE SOHO BRASSERIE SET
TEE HEE
WHAT IS SOUL FRIDAY.
CLUB
TIP FOR THE TOP
art into the street
Cogito ergo sum
CLUB DADA
DEATH GLAM TRASH
Dole offices
SEEDY PUBS
SQUATS
futuRaMA
PUNX
COUNCIL FLATS
FRINGE THEATRES
CABARETS
INDIE CINEMAS
REAL ALE PUBS
HIPPIES
VEGI CAFFS
COMMUNAL HOUSES
COMMUNITY CENTRES
THE BLUE BUS IS CALLING US...
NAIL ME TO A CAR!
MEEEOW
CHRIS BURDEN
NEO NATURIST HUH?
SCHWARZKOGLER OR WHAT?
THE ANGST
CLAP CLAP
JOLLY GOOD PERFORMANCE WOT!
AAY LOOK WHERE YOU'RE CHUCKIN' THOSE ENTRAILS!
BONK BANG BASH!
REALITY. FORMAL CREATION. MATERIAL ACTION. DIG IT?
MANSON WAS RIGHT!
artists
B2 · ICA ·
tHe air
filmakers co-op
PSYCHIC TV gigs
SMARTINS
WAPPING
RCA
SKIN2 TYPE CLUBS
GOTHS
BATCAVE
CRYPTS
HORROR MOVIES
2i'S
KING KURT GIGS
IS THE DIRTBOX STILL IN ISLINGTON?
SPIRIT WALKER
In
Sub
Covent GARDEN
DISCO FEVER NYC
BRONX RIVER CENTRE NYC
a PROJECT
BREAKERS REVENGE
electro five
FRESH
funhouse
NEW YORK TUBES
electric ballroom
GHETTOS
blues
b.boys
HIPHOP
KEEP ON! KEEPIN ON!
HERE WE burp GO, HERE WE GO, ERE WE GO, ERE WE GO
SEE I TOLD YOU WE COULD BUNK IT
BILLIES
CRAMPS GIGS
Yeee HA
Lipservice beatmaster
YOU'RE SUCH A LIGGER BOBBY
Jambalaya
THE FRIDGE
IVORY TOWER
AN
PRODUCTION

上

1984年Mark Wigan创作的伦敦亚文化导图。

帕尼纳尼

在以前的意大利，
富人和权贵通过时尚来表达自己。
Moncler 夹克、Armani 牛仔裤、
裤脚卷起露出 Burlington 的袜子和
Timberland 的靴子，
这种影响深远的
流行风格为设计师品牌增添了光彩，
并为街头服饰注入新元素，
这些元素一直流传至今。

对页
米兰 San Babila 广场汉堡店门外的帕尼纳
尼摩托车少年。

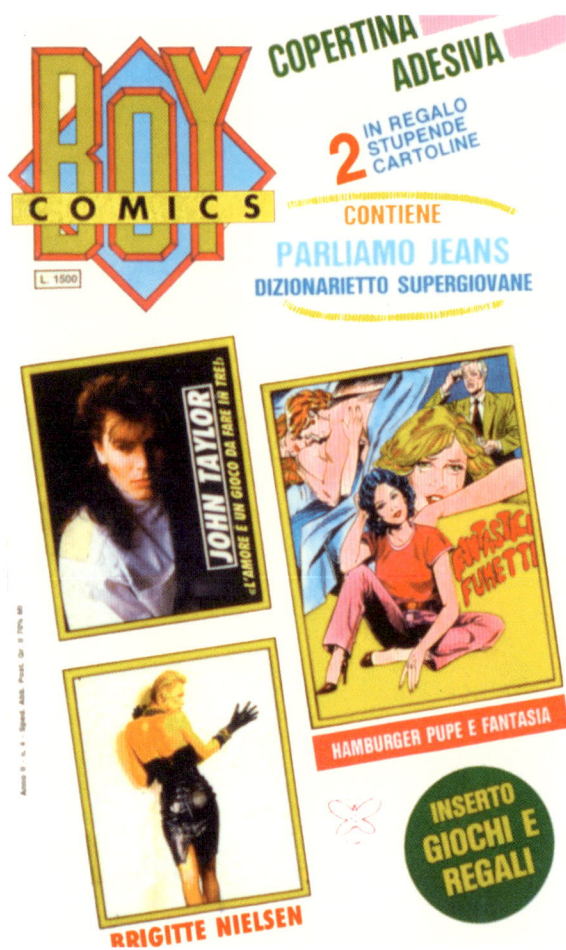

我们现在横跨英吉利海峡，来到意大利的街头，看看这里孩子们的风格运动。这场运动以米兰市中心的Panino Café咖啡馆闻名，20世纪80年代初，穿着品牌的孩子们在那里晃荡，随后改成去美国快餐店Burghy。帕尼纳尼（Paninari）风格的特点是，他们穿的都是昂贵的设计师品牌，这让他们有别于周末从近郊区涌入这座城市的其他青年群体。帕尼纳尼使用自己的语言，使得他们更加与众不同。他们的语言源于意大利电视广告中简短的标语式对话。这场运动出现正好遇到了意大利电视节目的新浪潮。

上和对页

各类杂志封面表达了帕尼纳尼式的造型和氛围。

背面

一对帕尼纳尼情侣在一辆Alfa Romeo的引擎盖上，穿着有趣的鞋子。

"帕尼纳尼的
一切都是20世纪80年代意大利新贵们
自我觉知的炫耀行为，
表现为对外表的谨慎和过度关注。"

Francesca Muscau，作家兼学者

比如Berlusconiowned Italia 1电台宣扬消费主义，并把这些信息和音乐视频、美国电影、动画片和喜剧片相结合。所有这些都表现了欲望和品牌崇拜能够拥有的美好生活，这与意大利人刚刚摆脱的经济和政治困境（红色旅恐怖主义、法西斯主义、恐怖袭击）构成鲜明对比。

帕尼纳尼风格者的典型穿搭有：Armani、501或Liberto牛仔裤或Rifle灯芯绒，所有长裤都要在脚踝上方一英寸左右的地方卷起，以便炫耀Burlington Argyll的袜子；一件Americano、Fiorucci、By American、Valentino、Ellesse或Best Company的运动衫；一件Paul and Shark COP 918游艇毛衣；Timberland靴子、Sebago船鞋或Superga鞋；还有Moncler ski的夹克、Alpha Industries MA-1夹克、Henri Lloyd 'Consort' 航海夹克，或者C.P. Company Mille Miglia夹克、长羊毛定制外套。这套装备再搭配超大号的Rayban墨镜和色彩鲜艳的Invicta背包；女孩们会选择Naj-Oleari手袋。首选交通工具是Zundapp KS125摩托车。

在这一时期，英国的*Face*、*i-D*和*Blitz*杂志非常有影响力，因为它们是报道和创造时尚趋势的阵地。这些出版物成了那个时代的时尚圣经，因为它们不仅报道服装，还报道周边文化。记者Dylan Jones提到了帕尼纳尼风格运动，他写到Pet Shop Boys录制了一首关于帕尼纳尼的歌。Pet Shop Boys成员之一Chris Lowe说："我们看到报道说我们已经录制了这首歌，但我们当然还没有，不过我们觉得这个想法很好，所以很快就录了。"这场运动有了属于自己的歌，巩固了它在街头文化史上的地位。

幸好有Dylan Jones等时尚评论员，帕尼纳尼的造型才能够进入伦敦，随后和休闲风的文化遗迹融为一体。新造型为第二次学院风的出现铺平了道路，但这一次是欧洲对美国最初风格的再创造、重新融合、重新想象（除了滥大街的牛仔靴）。这个风格的穿搭十分明确：有徽章的上衣、板球套头衫、长褶裙、白色鞋子、大量航海条纹。但是就在这些元素成为主流的时候，电音风来了，又对街头服饰产生了一系列影响。

对页

帕尼纳尼风格者在米兰，记录下他们的出现，但不确定他们穿的是否是牛仔靴。

本页和对页

米兰帕尼纳尼风格青年照片锦集，
摄于1985年。

STÜSSY

街头服饰的典范和精华:
漫不经心的态度, 恰到好处的文化借鉴,
优秀的线条和独立的全球性运动。
这家公司具备大师级的品牌和身份。

对页

创始人之一的International Stüssy Posse
特写, Jah Spike摄。

本书大致分为两部分：Stüssy之前和Stüssy之后，因为这个品牌定义了什么是街头服饰：漫不经心的态度、恰到好处的文化借鉴，优秀的线条和独立的全球性运动。最初，Shawn Stussy就拥有了完美的时机（并不是他计划了什么），他收集在他之前出现的所有东西，加入一些原创性、某些震撼的文化影响、品质和对细节的关注，最后贴上一个巨大的标志，把上两句话里所写的东西囊括其中。要真正理解街头服饰是什么，你必须了解Stüssy相关的人物、事件、时间、地点和原因。

故事始于Shawn对冲浪板设计的热爱，这是一个与高街主流品牌相去甚远的小众市场，这也是Stüssy在后来成为经典品牌的原因。让我们回到故事的起点。

> "冲浪板制作是我不能瞎搞的事情。于我而言，这是最纯粹的雕刻。神奇的冲浪板就是在创作过程中诞生的。好吧，可能听起来很老套，但这玩意对我来说很重要。朋克精神很重要，去他的冲浪公司，都是些虚伪的人。从来没有想过要经得起时间的考验。为此，我感到自豪。因为该来的总会来的，把工作当作生活的一部分，而不是去'创造品牌'。能明白吗？一家公司能在多年后还靠同样的产品发展，有点奇怪。"

Shawn Stussy

Shawn在加利福尼亚州长大，周末在Huntington码头度过。有一天，他姐姐把她的旧冲浪板给了他，他剥下玻璃纤维，设计了他的第一块冲浪板。这是一个关键的时刻，他爱上冲浪和冲浪板设计了。几年后，他开始在Huntington海滩的Chuck Dent店里制作冲浪板。遇到Bob'Ole'Olson后，他升级了玩法。Bob'Ole'Olson是一名学校的木工教师，也在日落海滩经营Ole商店。Shawn说："Ole是真正教会我使用刨子的人。我会为了增加'工作经验'早早放学，然后去日落海滩打开Ole的店，做一块冲浪板，等他在下午晚点过来。"

1973年到1980年，Shawn在加利福尼亚州的Mammoth山滑雪，然后回到Huntington海滩玩了7个月的冲浪板和冲浪，开启秋季和春季的Kauai岛（夏威夷最古老的岛屿）之旅。正是在1979年，他开始用各种不同的方式写自己的名字，梦想着制作自己的冲浪板。1980年3月，他搬到Laguna海滩，建立了自己的冲浪商店。因为对自己的工作认真严谨，他一天只能做出并绘制一块冲浪板。因此，1982年，他偶然发现，他为一次冲浪展会制作的非卖品非常受欢迎，他开始挑选签名，印到T恤上，以出售签名补充收入。

后来他回忆说："T恤的设计对我很有意义。我可以把设计随意摆放，交给别人生产，再自己发货。这让我可以一边制作冲浪板一边开发服装，衣服一般是在准备印刷的前一天凌晨2点左右完成的。一定要一气呵成，速战速决，X-Acto刀片粗略切开，用软笔写字。我会对自己说：'别想太多，把音乐开大声点，沉着冷静，然后潇洒创作。这就是我的风格。'"

20世纪80年代中期，Shawn开始在纽约出售他的衣服，并为志同道合的人们建立了International Stüssy Tribe社群，这是一个穿着定制个性运动夹克的群体，颇具朝气，也有几分玩闹的意味。他的新潮服装受到滑板爱好者、冲浪爱好者、艺术家（包括部落艺术家，尤其是非洲人）、雷鬼音乐家和嘻哈DJ的影响，销量不断上涨，并在全球范围拥有了一批疯狂的追随者。到80年代末，他的小公司已经成为席卷全球的街头品牌。

1996年，Shawn当了父亲后，做出了一个令人佩服的决定，将Stüssy出售给他的商业伙伴Frank Sinatra, Jr.，以便专注家庭生活。他笑着说："作为International Stüssy Posse社群的一员，我很开心。我在东京

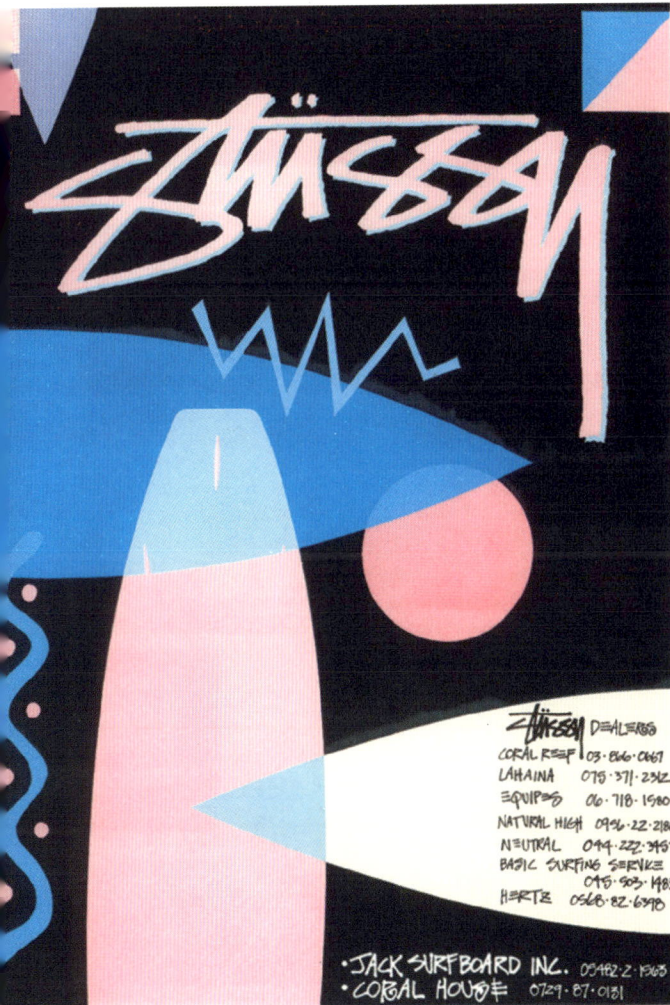

本页

如何将设计、冲浪和街头风格提炼
成一件衣服和一个页面。

对页

Stüssy 造型，包括经典款 8-ball T恤、羊毛运动夹克，利用档案图像和亲切的口语作为广告策略。

上

Stüssy 的精彩一刻：世界巡游T恤。

"Shawn对当时发生的一切都抱有开放心态。
从下东区的Orchard 街到SoHo Comme des Garçons街，
他把所有这些元素都融入品牌中，
还做了一些酷炫的东西！Stüssy作为品牌，
蕴含着Shawn的初心，不断成长，向前发展。
一切都在变化中，Stüssy也在与时俱进，但始终忠于自己的初心。"

Jules Gayton，International Stüssy Tribe 社群成员

和DJ参加IST在日本的首次聚会。IST的所有人都是我
的好朋友，所以我们会一起出去玩、制作混音带之类的
东西、交换最新的笔记。2010年，他启动了一个后续
项目—S/Double，这是新一代的Stüssy。"我一直对
设计充满激情，现在似乎是可以再次投入冲浪板和产
品设计的时候了。"

对页

International Stüssy Tribe社群的院校夹
克，来自DJ Jules，纽约分区。

上

Stüssy 2002年春季广告图。

档案：FRANK SINATRA, JR.，STÜSSY 的联合创始人

Stüssy由Shawn Stussy和Frank Sinatra, Jr.一起建立。当时Shawn无法筹集到足够的资金，原计划在当地冲浪商店出售200件签名T恤，却面临缺乏印刷资金的情况，Frank向他提供了借款。Shawn迅速用完资金后，Frank意识到企业的正常启动和运营需要的不仅仅是几笔贷款。9月，在加州的一个早晨，Frank一边遛狗一边跟我说："很久后，Shawn终于意识到，有50%东西也总比100%地什么都没有要好。"

说起街头服饰行业，在观察目前在运营的品牌时，可以把它们分成两类。第一类是资金雄厚的组织，他们有很厉害的商业计划，目标非常宏伟，几乎可以预判到要做什么，需要赚多少钱。但从文化意义上看，无论他们做什么，它只会变成另一个垃圾，没有灵魂。最终会大量生产市场想要的东西，一切都是已知，没有文化性。这些品牌准确地知道自己会在哪里停止，因为他们曾经也到过那个程度，所需要的是实现这一目标的金钱和人脉，但品牌本身却没有特别之处可言，因为它没有生命力。其次，正如Frank所说："另一些是有生命力的品牌，从某种特定的需求或小众（以与众不同为傲）的视角中起步，但同时也具备一定的灵活性，可以让品牌在没有集团的支持下也能够增长。但大多数这类品牌都不知道需求会有多少，他们能走到哪，也不知道市场需求会持续多久。Shawn和我创业时，目标是很灵活的。Shawn只想一年赚个三五十万美元，我只是希望可以做成这件事，能给自己发工资，所以我们只是见招拆招。并没有什么长远的目光，因为眼前的愿景就已经很纯粹，初心从未改变。"Frank都做到了。

Stüssy的辉煌时刻之一是International Stüssy Tribe社群的诞生，这个群体由Shawn和Frank的朋友演变而来，他们对音乐、俱乐部和整个街头文化都有着相似的情感。"我们一直在做院校夹克。Shawn的朋友中有Michael Kopelman、Barnzley、James Lebon，他给他们都做了特别版。配色很潮，采用了大量独特的原型。都有International Stüssy Tribe社群的标志，但颜色各不相同。值得收藏。这个社群的发展，得益于各成员都穿着这些独特的夹克，他们是这个圈内的核心成员。"Face杂志拍了一张很好的伦敦IST照片，照片中的这一刻概括了人们想要从这个品牌得到的一切。漫不经心的酷、丝毫不做作、没什么宏愿、不耍花招或没有虚假的USP。纯粹的真性情。

"我们一直都穿Stüssy的衣服。我们的名字绣在院校夹克上，一位叫Simon Mills的记者邀请了几个穿这些夹克的人，一起拍了一张照片。在那个时候，看到穿着Vans或Stüssy T恤的人，或者喜欢这些东西的人，几乎可以知道他们拥有相似的思想。还有Alex Turnbull，他和他的兄弟是第一批优秀的滑板爱好者，曾经是Hobie的滑板手。可能因为我们住在伦敦，会认识当中的很多人，这就是我们加入Stüssy社群的原因。但其实里

上
International Stüssy Tribe, StüYork成
员：Jeremy、Paulzy、Dante、Julez和
Kevin。

上

伦敦IST：Alex Turnbull、Michael Kopelman、James Lebon、Barnzley和Mick Jones。

面有很多人，跟我们一样酷，甚至还要更酷。"

Michael Kopelman，Stüssy英国总监

Stüssy能够自然有机地生长。如果你想逼着一个品牌快速发展，那会以失败收场。你要能够立足长远。就这一方法问题，我向Frank提问。他回答："你是在打一场战役，我发现99%的公司，无论大小，都缺乏耐心。对持续发展没有信心，也不愿意等待它的成熟。要么迫于财务压力，要么是目标太高远，现在还有零售渠道的压力。近期的零售商会推动你快速增长，这样他们才可以在本月或今年大获全胜。他们想捷足先登。所以，你会面临着各方面的压力，做出违背自我的东西，因为增长速度超过了应有水平。耐心已经不复存在了，但耐心是打造品牌持久度的重要美德。"

在一个品牌、乐队或项目的初创成员中有人离开时，情况通常会变差。留下的会结束或走向衰退，因为曾经的愿景已不在了。1996年，Shawn离开Stüssy，希望能有更多的时间陪伴家人，Frank接手了他的股份。他说："我们第一件事情就是保持冷静。我让各种人写文章讨论'如果没有Stussy，Stüssy还能续存吗'。Shawn是公司唯一的设计师，只有Shawn，所以出现了一个需要填补的大缺口。但我有幸和日本客户、世界各地的好朋友都有一些业务往来。有常年外出的Michael Kopelman，还有James Jebbia和Eddie Cruz，都和我一起思考。但我并不紧张，因为我不认为其他替代方案没有可能性。我们在美国很快就遭受挫折了，但在日本，还没那么快。"

1996年至2000年，Stüssy只需要正确按照季节计划发货，就能实现增长。比如，春季的设计不是在1月才开始，这会导致最终产品延迟交货，生产是在有组织规划的基础上进行的。日本等国家可以提前预订，然后按时送货。即使Shawn不在，新的Stüssy还是取得了小幅增长。但可惜的是，持续的时间并不长。

Frank说：

"2000年时，我们从复苏又回落了，我们回到现实，让品牌恢复原创性和率真性，找一位客户，为我们热情代言。"曾经，我们经历过旧货店的劣等品、格纹、朋克和垃圾摇滚风的时候；也在世界各地遇到非常糟糕的时尚阶段。但Stüssy不想做那样，我们在和大规模的流行趋势背道而驰，看起来和潮流格格不入。那时的Ralph Lauren也不合潮流，因为经典在没落，经典款都有点无聊。但是，就像他们一样，我们表示："这就是我们。我们不会为了迎合当下的品味去改变自己。用了很长时间，我们才找到'我们所想'和'足够数量的别人所想'之间的平衡，找到关键客户，足够多的关键客户。"

六年多以来，Frank一直致力于如何让Stüssy与其真正的受众重新建立联系，真正的受众群体是一群富有激情的人，他们会帮助品牌的重建，让它再度回到潮流前沿。他几乎尝遍了各种方法，把衣服投放到Juergen Teller和Terry Richardson拍摄的广告中，但除了原本的核心客户群，并没有在其他群体中引起任何共鸣，而核心客户早已具备品牌忠诚度。大众还是无法理解。Frank说："我对一切事物都是开放的心态，世界滑板巡回；411的视频，这项我花了很多钱。我砸钱去试验，看什么能带来牵引力，会有什么反应。但我发现都没有，特别是年轻观众。知识阶层会有所意识，但他们不是我的客户。年轻的下一代们，需要现在就开始接受我们的风格。我努力寻找有品位感的东西来吸引这些新的受众。事实证明，最后的赢家是运动鞋文化；把它和网络社媒营销及网络文化相结合，发现重点是运动鞋文化。这才最终开启大门。"

Stüssy从一个时代中走出来了。在那个时代，他们的营销和传播是一大堆杂志上的两页篇幅。往回看，这些广告平淡无奇，只介绍了谁拍的照片以及他们打造了谁，却没有真正的故事，也没有实质性的内容。故事并不在其中。他们说了Stüssy在试验中，他们也知道如何有创意，但没有深度地叙事一讲述Stüssy所拥有的东西。所以，这家公司开始把运动鞋和网络、博客结合，讲述品牌实质的故事，突然之间，Stüssy的率真和传统能够传述给新一代人，这一代人之前对此一无所知。"几年后，我才感觉到一切又回来了。现在我拥有了故事主线，可以在这个基础上继续丰富。互联网是连接新一代群体的唯一途径，他们现在已经不关心杂志了。旧的连接方式已不复存在。零售商也不再采用我们了。他们已经变成没有生命力的同质化商店，只会输送大批商品化的服装，完全不适合品牌建设。但我们也不能再用冲浪或滑板商店的形象去接触这些孩子了。"

关键是Frank的儿子参与了进来。因此，Frank确实将自己品牌的部分控制权交给了年轻人。这点很重要，要与年轻人建立联系，就要和年轻人一起工作。他们就是你的广告狂人。"我26岁的儿子帮了我一把。他12岁就开始和世界各地的Stüssy社群一起玩耍，也跟着滑板队巡回演出。他从一个酷小子成了对公司产生重大影响的人，因为他知道互联网消费的方式。他知道从Stüssy的角度出发，需要的社媒营销应该是什么。街头服饰行业的许多公司中，不一定是像Supreme那

下和对页
Stüssy图片：Juergen Teller摄于2000年（下 图）和Terry Richardson摄 于2002年（对页）。

对页

Ska造型的再现，Kenneth Capello摄。

本页

Stüssy Prince Street NYC x Carhartt联名
夹克；Trench Town T恤；花卉纽扣衬衫；
硬质圆帽。

对页和右

在哈瓦那街头找的模特为Stüssy
拍摄2014年造型手册，Francesco
Giusti 摄。

样的真正街头服饰公司，经营者的年纪都已偏大，开始
有点与世隔绝了。由于不再适应外界，他们躲了起来。
他们不知道外界发生了什么，因为外面已经发生了巨
大的变化。他们倾向于让年长而成熟的设计、营销和
广告人员来培育创意。但这个方式已不再新颖。因此，
应该让年轻人进场，复兴当代客户的愿景。但是他们
最不想的就是和年轻人一起工作，因为年轻人很难合
作。他们没有可预测性，可能不会按时交付，你甚至都
不知道最终成品是什么样。因为主动自发的东西，有
时会生效，有时并不会。对于希望看到结果、希望集中

管理媒体宣传的大公司来说，这些东西如同噩梦。"

　　要守住的底线，就是不要慌。要有足够耐心和时
间，能够重建和评估对品牌真正有效的东西。你需要
问问自己，要把谁带入核心群体，和新成员的关系是怎
样的，新成员之间的关系又是什么。你需要思考，你能
做什么来维持这个品牌的形象，同时也要关注它的需
要发展的走向。

滑板、冲浪、
滑雪服饰

街头的滑板、冲浪、滑雪服饰:
一个美丽的矛盾, 已在世界各地上演。
虽然这类造型时好时坏,
但它们是当今街头服饰最强劲、
最重要的影响力之一。

对页

耶路撒冷Jaffa Gate外的以色列滑板爱好
者, 身着军装, King ADZ拍摄。

滑板服饰

"滑板运动是我第一个积极参与的亚文化。八岁那年，
我在圣诞节收到了一块蓝色的GT Coyote Mark II滑板，
搭配Jofa头盔和蓝色护肘和护膝。在那之前，我用木板和旧的
Jacko轮滑鞋做过几块滑板，但有了Coyote，
我就可以提升我的玩法。1978年，这是欧洲滑板运动大规模流行
的开始，随后从未真正消失。我内心一直是个滑板手，
90年代期间，我还为Bone Idol设计，甚至有了自己设计的
滑板。小时候我特别想要一块FibreFlex滑板、ACS650
和绿色的Kryptonics 70s，这是距离我力所能及范围最近的。"

King ADZ

据说滑板的发明是在一个没有海浪的日子，加州的冲浪玩家们用旧轮滑鞋和木板或木制水果箱（加州有很多）进行拼装，创造了一种陆地版的冲浪运动。当时是20世纪50年代，轮子质地坚硬，使用体验并不顺畅；如果磕到石头，你就会飞出去，摔到地上吃土。随后，到了20世纪70年代，Frank Nasworthy发明了聚氨酯的轮子，这不仅变革了滑板运动，也把它引入了流行文化，并在此过程把滑板纳入历史。

20世纪80年代末，全球蓄势待发，一家街头服饰公司从这个新兴文化中诞生，正是上衣章所述的Stüssy。Stüssy定义了滑板服饰，也定义了整个街头服饰行业。为后来的品牌铺平道路，包括Carhartt、X-Girl、Fuct、Supreme（创始人James Jebbia曾为Stüssy工作）、Zoo York/ SHUT和Freshjive。他们是滑板服饰行业的奠基人。1995年，优秀滑板手Harold Hunter出演了Larry Clark的滑板电影 *Kids*，滑板服饰进军电影界。这已说明滑板运动在我们文化中的重要性。

滑板服饰源于一种自然而原始的亚文化，这是多年来驱动它向前发展的能量。即使在今天，已经出现

217页

Harold Hunter，联合广场（Union Square），纽约。Bill Thomas摄于1990年。

对页

St Mark's Avenue大街上的滑手，纽约，2010年。

了Palace Skateboards之类的品牌，这股原始的力量依然存在，这是确保这一形式能够继续蓬勃进步的力量。每次滑板的重新流行，就像滑板服饰的再度更新。每次有滑板爱好者让自己的想法在世界上精彩呈现时，我们都会屏住呼吸，说"太赞了！"我们谈论的是Undefeated、2Bop、WTAPS等品牌。街头服饰的核心就在这里：面对一件承载着其他含义的衣服，你的肢体会做出什么样的反应。任何一款街头服饰，都应该能够激发穿着者内心深处的反应。

本章涉及的品牌凭借毫不妥协的态度留住了众多忠实粉丝，无一例外。它们犹如一个个小团体，对外来者态度恶劣，同时对自家产品也了如指掌。举例来说，Supreme目前依然在生产一款简单的白T，上面印有以Barbara Kruger为灵感的logo，是其他衣服必不可少的搭配单品；与此同时，Supreme也因为一系列联名合作而名声大噪——发售即秒空。另一个当下滑板服饰品牌的典型案例就是Palace推出的热感运动衫：融合复古运动衫设计与极具未来感的科技，巧妙地展现了冒险——这一街头精神的核心要义。

> "我们的衣服是给那些眼光毒辣、品位绝佳的纽约滑手穿的……也许在外人眼中他穿得乱七八糟，但是懂行的人明白他特别有态度。"

Supreme创始人James Jebbia

现如今，滑板服饰的最为人所熟知的品牌不外乎Palace、Supreme、Bianca Chandon、Anti Hero、Isle、Mood、Doomsayers、Habitat、Bronze 56K、Welcome、5Boro、Dime、Polar Skate Co.、3D和Fucking Awesome，它们的商业成绩也最为亮眼。之所以能够走到今天，是因为它们全部都是从滑板这个核心延伸出来的。

公司创始人、消费者等"外来者"视角的追捧让这些滑板服饰品牌成为炙手可热的潮流风向标，而品牌也借此更加明确了自己必须做出的改变，只有这样才能保持活力，避免沦为爱达荷州（美国）或Luton卢顿市（英国）那些购物狂眼中即买即扔的消费品。然而，目前的局势却颇为矛盾：面对那些对滑板服饰跃跃欲试的消费者，我们的建议是"不要买"——换句话说，除非你已经玩儿了20年滑板，被商场保安追过，也曾在U形滑道里摔掉过牙。

滑板服饰品牌

Vision Street Wear, Supreme, Diamond Supply Co., Girl, Animal, Fuct, Si-las, Religion, Maharishi, Carhartt, Zoo York/SHUT, Freshjive, Custard Shop, Trigger Happy, Dope, Butt Naked, X-Large, X-Girl, Future Shooter, North Face, Esprit

（好吧，最后两个不是滑板服饰品牌，但是它们是靠滑板出名的）

对页

穿着Pilpeled T恤的以色列滑手；有100多名专业滑手签名的Supreme Travis Bickle T恤，这些滑手穿过了Supreme在纽约 Lafayette Street 的店铺原址；Supreme x White Castle联名T恤，说明之前的贫民窟变成了富人区。

对页

Rodney Smith，Bill Thomas摄于1989年。

如何打造原汁原味的滑板产品
RODNEY SMITH

"在大城市（纽约）的生活让我大开眼界，这里有各种时尚风格、色彩、造型，人们也高矮胖瘦什么样都有。但对我影响最大的是那些天生能够带给人们舒适感和安全感的东西——不一定是当下流行的，尽管你还是需要考虑一些潮流趋势的因素（大多数人都跟风，因此潮流才会有生命力）。

在SHUT，我们认真观察流行趋势的走向、年轻人的喜好，以及我们自己想要穿什么。然后我会和我的伙伴Adam Schatz和Eli Gesner（参见P134）沟通有关看法。我们的设计过程非常民主：Eli负责一半的概念设计，另一半由自由艺术家完成。这样的话，艺术家们就能够放飞自我、尽情表达，不用承担设计方向所带来的压力。

我们必须了解接下来什么会流行，这样才不会掉队。我们想要产品卖得好，想要押对趋势。你永远没时间去教育客户——为什么在本季流行色是红色的时候，买粉色才是最酷的，诸如此类的问题。我们想要做到人见人爱，但是很难。

我们的设计通常以过去的辉煌历史和当下情况为基础。街头文化传承的基本要素依然是重中之重：501牛仔裤、高帮Adidas贝壳头板鞋、Nike Court Force，红色Russell卫裤等。回顾之前的爆款对于借鉴过去的的经验很有帮助。我们会衡量过去那些有利于品牌的因素，以及最近重新回潮的风格。

说到板面，现在市场基本放开了。我现在能够从另一个角度来看待这个情况，因为不同类型的滑板又开始有了热度，不同形状的板面开始进入大众眼帘。我能够根据自己滑不同类型滑板的体验，大的小的都有，设计各种类型、型号的滑板。

我的目标是原创设计、板型犀利而且图案要好看。当下，SHUT吸引顾客靠的是"返璞归真"（Back to basics）。不论什么生意，总归都少不了最基础的元素。如果你总是想着成为最潮的，或者紧跟潮流，最后肯定会输得很惨。你必须在一些问题上保持头脑清醒，比如品牌的核心，以及发展的源头。这样你的产品才会真实，才会符合消费者的胃口。

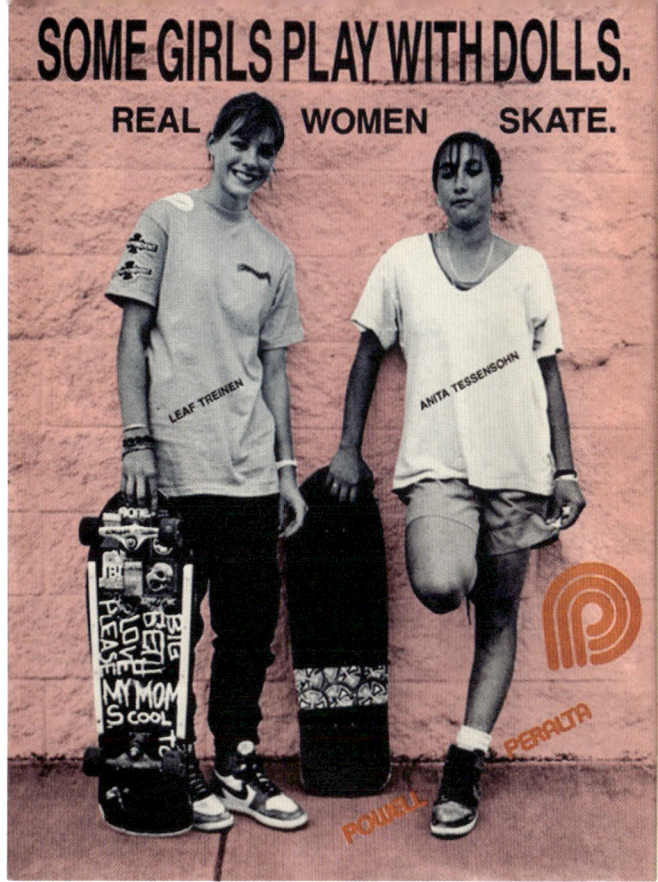

SOME GIRLS PLAY WITH DOLLS.
REAL WOMEN SKATE.

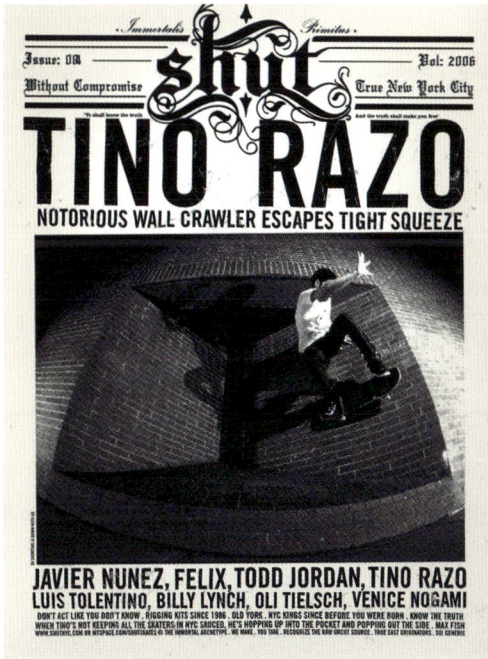

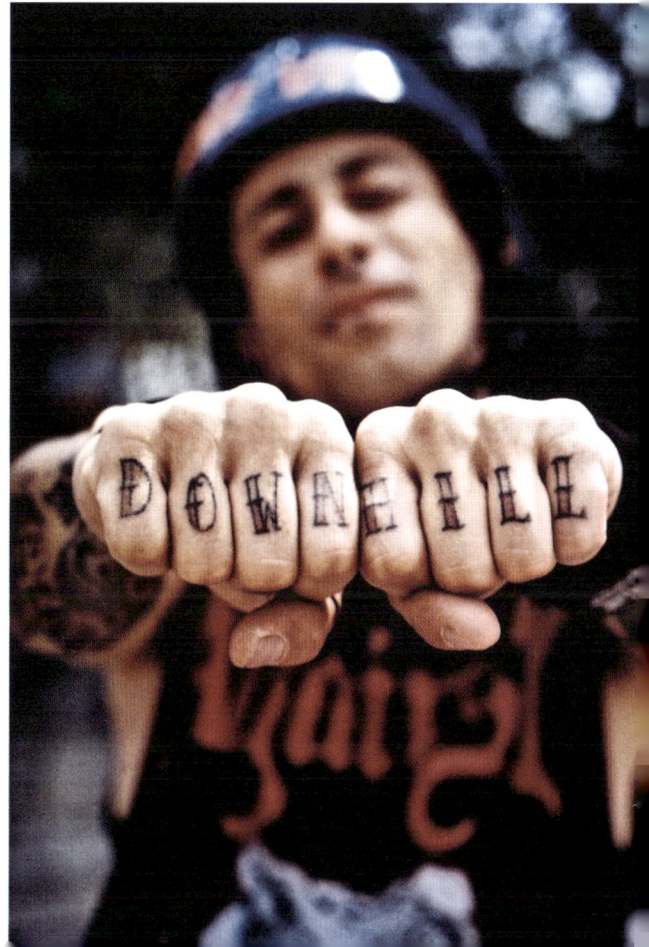

对页
穿着印花滑板短裤的金发海滨服务生，Puna Coast海滩，夏威夷。Dennis Stock摄于1980年。

冲浪服饰

今天谈到冲浪服饰，总是让人联想到正在度假的爸爸们，他们竭尽全力想要展现最酷的一面，但往往徒劳无功，因此冲浪服饰难免给人一种奇怪的感觉。深究其中的原因，首先我们需要界定什么造型可以被认为是"正统的冲浪服"——薄薄的潜水服，或者那些做工粗糙的沙滩裤，然后就没什么别的了（女士的话通常一件比基尼上装）。没什么复杂的。你来到海滩，穿上一件全是烧洞的T恤，在给滑板打完蜡后把T恤一扔，现在你穿的就是冲浪服了。

冲浪服就是带领你到达那个秘密地点的东西，和造型根本没有一丁点儿关系。它就是一种工具，帮助你逃离那个对着装有更高要求的环境，不能只穿沙滩裤……这种情况一直持续到冲浪服发展成了有利可图的市场，直到人们开始在电影和小说里展现冲浪有多么酷。接下来，OP、Quiksilver和Mambo等品牌开始推出专属的冲浪产品，一跃成为全球知名品牌；商业生态圈的运行方式不外如是。针对利基市场做产品，然后看着主流市场的消费者认为他们也需要穿着这种轻描淡写的酷去逛超市，提醒自己他们的生活其实并不

空虚乏味、并没有陷入郊区的莫比乌斯环。这种卖货方式非常有效。

冲浪也是一个小圈子，融进去并不容易。如果你技术不到位，贸然尝试还是十分危险的；而且每一点进步都需要付出多年的努力。哪怕你技巧娴熟、经验丰富，也随时可能在冲开海浪的过程中丧命。

冲浪起源于古时候波利尼西亚人的生活方式。那时，最好的冲浪者就是部落的首领。冲浪板由木头制成；技术越好，能够用到的木材越好。他们甚至对于冲浪区域也有着相应的等级区分，技术好的人才能去更好的海滩冲浪。有些传统从未改变，今天的冲浪者对于海滩和浪头依然有着浓厚的领地意识。

1885年，三位十多岁的夏威夷部落王子逃课去圣克鲁斯（Santa Cruz）冲浪，他们的冲浪板是定做的红木冲浪板（对于王子而言轻而易举）。这也许就是西海岸冲浪的源头；数十年后，这一举动成为所谓"西海岸"这个概念的组成部分。

冲浪服的"造型"得到了时尚界的认可，因为它展现了一种慵懒的生活方式，让人很容易联想到永不结

228-229页

'Nat and the Girls'（Nat和
女孩儿们），John Witzig 摄
于1970年。

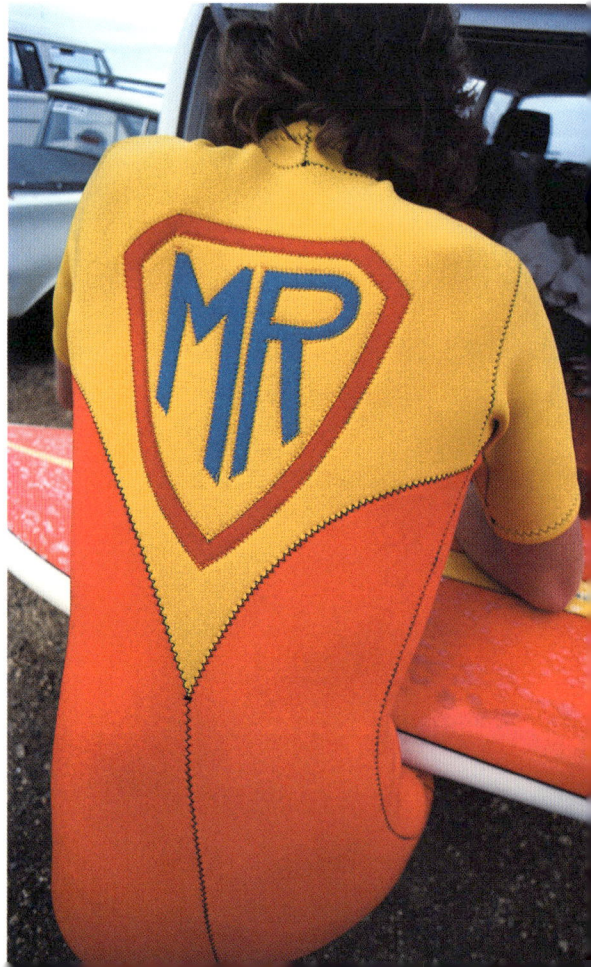

本页

冲浪者在追赶浪头，不论周围变得多么拥
挤，圣莫妮卡（Santa Monica），加利福尼
亚，1965年；Mark Richards潜水服，John
Witzig摄于1969年；氯丁橡胶最初只用来
制作潜水服，现在已经成了街头服饰设计师
普遍使用的材料；Corona del Mar海滩上的
冲浪者，纽波特比奇市（Newport Beach），
加利福尼亚，1994年。

"你开车经过火奴鲁鲁市中心的时候，会发现90%的商务人士都穿着各种款式的Aloha T恤。我觉得这棒极了，这种文化已经根深蒂固，在这里永远都不会过时。"

Aloha Beach Club创始人、设计师Kahana Kalama

束的夏天，懒懒散散地一直在海滩上晒太阳，轻轻松松就能收获异性或同性的青睐（不论你的取向如何）。相比真正掌握冲浪技巧，在海浪中自如穿梭，这显然是一种折中的做法。对于极少数人而言，冲浪服就是他们平常穿的衣服；但是对于大多数其他人来说，它代表了一种洋溢着海洋气息的户外造型，每一个渴望刺激而身居内陆的购物狂都对此欲罢不能，原因显而易见。衣服的设计、剪裁、印花和廓形都反映出了这一特点。在热门度假经典Ibiza Rocks，沙滩裤依然随处可见……不动声色地吸引着全世界的商人、工人和所有没有冲浪经历、但是向往某种自由的人们。观看《巨浪骑士》（Riding Giants）了解真实的冲浪。

现如今，垂直领域备受追捧，一切市场活动都以盈利为导向，冲浪服饰品牌显然被打入冷宫。最直接的证据就是冲浪市场的重量级品牌Billabong近期表示公司正在尽最大努力维持资金周转正常……这很可能为整个冲浪服饰行业拉响了警报。导致行业龙头企业出现利润大幅滑坡的原因是没人会去买一家假意逢迎的公司的产品。这是"生活的街头循环"（street circle of life）的终点。正是在目光"远大"的营销总监、追求暴利的会计人员，以及永无止境的扩大吸引力的尝试（通常最终都会杀死品牌）等多方努力之下，品牌最初想要服务的人群已经被远远地抛诸脑后。冲浪服饰行业需要关掉位于中国的工厂，回归海滩上的冲浪小屋，必须重新聚焦于利基市场。如果丢掉了核心消费者，你不可能只是换个品牌名字，只能从零开始、重头再来。

酷炫的冲浪服饰品牌

Pacific Sunwear (PacSun), RVCA, Mambo, Quiksilver, Roxy, Ocean Pacific (OP), Body Glove, Hot Tuna, Hurley, Maui and Sons, Lost, Katin, Pendleton Woolen Mills, Lightning Bolt, SeaVees, O'Neill, Oxbow, Patagonia, Rip Curl, Captain Fin

本页

Ghostown 背心；Obey 的 Slave to the Wave 印花T恤；Carhartt 在2016年将正统的冲浪文化融入了他们的衣服。

233

采访: CARHARTT WIP SOHO 门店经理KASHIF BASHIR

1992年我们住在英国布莱顿，当时最流行的街头服饰是Carhartt的木匠牛仔裤。这款牛仔裤侧边有挂锤子的环和额外的口袋。如果要用一件衣服定义那个时代，这条木匠牛仔裤当之无愧。25年后的今天，我们与Carhartt WIP Soho店的经理Kashif Bashir坐在肖迪奇（Shoreditch）的艾斯酒店（Ace Hotel），一同探讨为什么这个品牌能够对街头服饰产生如此深远的影响。

不能马上"懂得"其中深意的时刻往往会永远伴你左右…… 我1974年出生，在14岁的时候开始接触街头服饰。在20世纪80年代末、90年代初的时候，我来到了格拉斯哥（Glasgow），在这里第一次看到了Stüssy。这是我第一次感受到它作为一个品牌的吸引力。不止是衣服，它是一种生活方式，尽管当时的我完全理解不了。这个牌子的书写方式很奇特，当时我完全不理解，它的产品我也没有真正理解过。我的街头服饰之旅就这样开始了……从格拉斯哥，从Stüssy。

我们喜欢街头服饰，是因为它没有刻意迎合…… 我的成长经历很奇特。小时候我几乎没有任何社会活动，想要什么都只能是父母给的……实际上不管我们想不想要！我小时候穿着四道杠的"阿迪达斯"，身上的钩子商标既不是耐克也不是彪马的钩子。我在学校是大家嘲笑的对象，尽管我爸爸认识在服装行业干代购的人。我会穿着有点喇叭裤风格的Levi's，

当然这看起来很不对劲。所以十多岁的时候，我在衣服这个问题上很头疼，很想找到自己的风格。我一直对风格都有着十分明确的感觉。裤筒总是过于肥大，我会把它们改得更加修身。从这时起，我开始体会到了掌控感，不仅仅针对我自己的生活，也因为家里人从来不允许我出去玩儿——家里规矩很多——所以唯一能够让我表达自己的方式就是折腾我的衣服。

找到第一份工作并且攒了一点钱后，我开始扫荡城市中心的各家店铺。最有意思的产品来自街头品牌。当时它们甚至都不叫"街头服饰"这个名字。Stüssy一直以来的定位是冲浪品牌。对我而言，关键在于找到自己的定位，并通过特定的服饰来成为一个独立的个体。

你的家学渊源很有意思，抛开其中带给你麻烦的部分。 特殊的家庭背景使得父母不允许我们出去玩。我妈妈是苏格兰人，父亲是20世纪60年代来到英国的首批克什米尔移民。尽管当时大量穆斯林涌入英国各地，但是他们并没有积极融入当地人的生活，而是建立起了城中村。他们并不想与这里的文化产生过多交集。我不知道这种选择是否是出于民族或道德因素的考量，但这意味着我不能参与各种社会活动，并因此承担了很大压力。我要上学，还要去清真寺做礼拜。一举一动都在父母的掌控之中，看看我那本来是苏格兰人的妈妈，这真的有点讽刺！

WORK
LIFE
BALLADS
carhartt
WORK IN PROGRESS
carhartt-wip.com

那样的成长环境使得我们在表达自我时反而更加…… 回到我15岁在格拉斯哥的时候，这些东西之所以在当时具有这么丰富的含义是因为那时我必须专门出趟门才能找到这些产品，从无数产品中把它们挖出来。我还记得十多岁的时候自己瞧不起伦敦，然后发现了Soul II Soul这个牌子，并且真的发邮件去买Soul II Soul的运动裤，因为在格拉斯哥买不到。从文化角度来看，我主要是通过音乐了解街头文化，然而问题是如何去更进一步——到达更高的层次，有更深入的了解。那就是穿他们穿的衣服！我给伦敦的一个朋友写信，看他能不能帮我买几件……但是世上没有捷径。

可不可以谈谈收集、定制和在行业中工作的情况? 我爸爸很早就给我定好了读书的方向，我不得不按照他的要求念书。我一直都对艺术和设计很感兴趣，但是他认为我的能力更适合读商科。尽管我特别讨厌这样，但还是照做了，去读商科，放弃艺术。去大学的路上我会经过一家服装店，就是Dr Jives，我在那里买衣服。因为学非所爱，我变得越来越厌学，一天我走进店里后开始和店员聊天，得知他们碰巧有一个职位正在招人。我马上应聘，同时决定从大学退学，然后就开始在时尚零售业中工作了。最开始的6个月我每天起来假装去上课，但实际上是在Dr Jives打工。然后我就升职成为店经理——完全是零经验起步，只不过凭着一腔热情。现实情况是我的那些商业理论变成了实践，但因为对象是我真正感兴趣的衣服，所以一切都不同了。

最看重那些品牌? 印有双S环的Stüssy T恤，Raggaman, Varsity夹克: 我可以为一件印有我名字的IST夹克做任何事情。Stüssy的粉色戒指。New Balance、Jordan IVs: 经过一段时间之后我才真正迷上那些鞋。

我们周围环境的观念和道德规范似乎与我们的穿着紧密相关…… 我20岁的时候来到了伦敦，因为一方面在苏格兰找不到工作，另一方面我认识了我女朋友。我在格拉斯哥长大，那里的隔离感毫无疑问更加浓重；来到伦敦后，这里更加多元化。亚裔社区似乎具有更高的自由度。

你是怎么开始在Carhartt工作的? 来伦敦之前我就已经在和Gimme 5和Slam City Skates接触，所以来了以后我试着和它们走得再近一点，但是没成功。我在伦敦的第一份工作是在托特纳姆法院路(Tottenham Court Road)的Habitat店里卖家具，我女朋友在考文特花园(Covent Garden)Thomas Neal Centre商场的Komodo工作。Mambo正好在那里有家店，我找机会和店里的澳大利亚店员Spyder聊了起来，我还在Dr Jives工作的时候他就认识我了，而且一直记到现在。聊了15分钟后，我成为了Mambo的店经理。Mambo在英国的第一家店是我一手开起来的(世事多变啊)，接下来我在印度逛了6个月，然后在考文特花园七面钟(Seven Dials)的Boxfresh开始工作。当时Boxfresh这个牌子还没有什么名堂，这里是一家品牌集合店，包括DSL55、Carhartt、Dickies等。

Boxfresh的总监之一是Carhartt的分销商。他与Edwin Faeh(Carhartt在欧洲的授权商)共同开了一家店，然后希望我能加入。我在Dr Jives就卖过Carhartt的衣服，听的很多歌里也都有这个牌子。我知道这是个老牌子了，但是听到我说这家店只卖Carhartt时，大多数人都认为这个事儿成不了。当时这类型的店寥寥无几。我想的则是任何一个有着95年历史的品牌肯定有自己坚守的价值。但是当时想的只是穿最正的衣服，那时仍然很肤浅。尽管我有了自我独立的意识，但还是被当时的观点带跑了，但是我一直想着Carhartt。我和Carhartt都在不断成长，一切有种水到渠成的感觉。Carhartt在欧洲的第一家店开在伦敦，现在全球已经有超过大概80家门店。

235页 &右
Carhartt: 永远super-fly。

"**合作为王**"…… Carhartt WIP的艺术馆CO-LAB Gallery位于瑞士和德国边境交界处。每年都会举办好几场不同的展览，其影响也进一步延伸到我们的零售工作中。对每家门店的具体影响大小取决于这家店的体量，但是我们的素材库很大，所以我们能够为每家店度身打造不同的产品，做点更好玩的东西出来。从街头艺术家到摄影师再到饶舌歌手：我们希望能够尽可能多地与各种街头元素开展合作。

关于Carhartt有哪些是我们需要了解的事情呢？ 严格的说，Carhartt, Inc.是一个有着125年历史的老品牌，创立者是Hamilton Carhartt。他此前是做其他生意的，然后才开始贩售功能性服饰，价格十分公道。每一件产品都是所有人努力的结果——不同部分在不同工厂制成，工人的薪水很不错——商品价格也很合理。Carhartt Work In Progress（WIP）是Carhartt, Inc.在欧洲的授权商。最初我们只是进口衣服，后来发现有些产品对于欧洲客户来说毫无用处，所以在1997年的时候，我们推出了第一个由WIP独家设计的产品系列——在授权范围内，但是公司位于美国密歇根州迪尔伯恩（Dearborn）的总部从没有表示过明确同意。Carhartt USA和Carhartt WIP是两套完全不同的产品，尽管它们的商标、理念和价值观都是一样的。

滑雪服饰

单板滑雪最初出现于20世纪60年代的美国。当时，密歇根州马斯基根市（Muskegon）一个名叫Sherman Poppen的人异想天开地把两个滑雪板绑在一起，想帮他的女儿学滑雪。他的老婆给这个新奇的装备起名为"Snurfer"["snow（雪）"和"surf"（滑）的结合体]。Poppen将这项发明授权给了一个生产商，此后10年内这种雪板的产量达到了100万件。

大约在同一时期，新泽西州的一个名叫Tom Sims的滑手也冒出了类似的想法。他在一块铝制滑板上面粘了一层地毯，然后滑着这块改装后的板冲下了雪坡。这是真正意义上的共享式文化发明……关键并不在于谁是第一个，而是谁做对了——错误地引用Drizzy的话。

到了1977年，Jake Burton Carpenter为单板增加了固定器，把脚和板真正固定在一起，极大推动了单板的发展。在密歇根举办的一场snurfing（即单板滑雪，当时还未改名）比赛中，他在空中做出了非常炫目的技巧，立刻成为全场焦点，顺势将单板滑雪带入新的发展阶段。

与所有的文化运动一样，这项运动一直在地下发展。1998年，单板滑雪（多亏从snurfboarding改名为snowboarding）成为日本冬奥会的正式比赛项目，这项运动才终于进入主流视野。在接下来的20年，这项运动得到了很多人的喜爱。

从文化角度来看，单板滑雪是对滑雪这种精英运动的直接反击。滑雪的问题在于想要滑好需要大量的金钱。富人有能力确保让他们的子女在雪道上反复练习，直到熟练掌握这项技能；这也意味着围绕这项运动产生的文化着实令人不快。在过去数十年间，滑雪变得更加平易近人，主要是因为廉价航班的普及和社会等级的部分松动（现在这只是钱的问题），但它并没有展现出足够的文化宽容度，单板滑雪则恰恰相反。

从服饰层面以及单板滑雪对街头服饰的影响来看，首当其冲就是厚重防水的保暖夹克。这种夹克通常具有大面积的鲜艳或霓虹色块。接下来就是帽子和护目镜这对经典搭配。然后就是一些较为零散的单品：超长款T恤很快成为单板滑雪的必备单品，它是穿在紧身（保暖内）衣的外面，否则会冻出人命的。这种T恤被称为"tall"，一刻都静不下来的年轻人通过色彩和印花来表达自己的态度。这里体现出了街头文化对滑雪的反向影响。

对页
一位戴鼻环的老兄在美国科罗拉多州滑单板。

参见在Passo San Pellegrino举办的单板滑雪比赛，特伦蒂诺（Trentino），意大利，2008年；在度假时玩单板滑雪，加利福尼亚，1989年；科罗拉多州的三个单板滑雪者。

顶级单板滑雪品牌

Burton, 686, Ride, Atrip,
Homeschool, Protest Forum, Lib Tech, K2,
Rome, DC, Never Summer,
Gnu, Arbor, Thirtytwo, Patagonia

本页

策马特（Zermatt），瑞士，Martin Parr摄于
2012年；伊朗雪板和滑雪爱好者在山区度
周末，奥保兹省（Alborz Province），2016
年；各种雪板品牌。Alex Majoli 拍摄。

深受街头艺术影响的
街头服饰

街头艺术改变了Gen Y对艺术的看法。
艺术不再是一群白人站在一起，
一边喝着白葡萄酒，一边盯着白墙看；
而是变得更加触手可及（很多时候也更加幽默），
每个人都可以看得懂。街头服饰行业也感受到了这
一点，它不仅体现在T恤的印花上，
更体现在衣服本身和衣服销售的方式上。

对页

真正的狂野风格。手绘单宁夹克，纽约，
1975年。

涂鸦的诞生从某种意义上讲，完全起源于一次玩笑。美国空军的一名士兵在他们即将投放至敌营的炸弹上画了几个鬼脸，然后另一个士兵在英国街头画了同样的鬼脸，旁边还加了文字"Kilroy was here"（Kilroy到此一游）。让我们把视线转回美国。大概20年后，费城一个名叫Cornbread的人在杰克逊家族乐队、警车和大象上涂鸦（班克斯Banksy在此基础上画了著名的警车图案，并且把一头活的大象画出了墙纸的效果）。受到这一行为的启发，纽约一位活跃的邮差把自己的名字（Julio）和所在街道编号（204）在自家周围写得到处都是；下一个受到启发的就是TAKI 183，不过这回他把范围扩大到了"整个城市"。接下来，随着嘻哈的兴起，整个纽约艺术界一度被这种新奇的涂鸦迷得神魂颠倒。很多曾经只为艺术家举办展览的画廊，比如Fun Gallery，都开始讲目光投向Old School涂鸦大佬，比如Futura 2000、Seen、Dr. Revolt、Zephyr和QUIK。

> "Futura是主要推手，他和Zephyr、Bill Rock和Ali在阿姆斯特丹大街（Amsterdam Avenue）开了一家店，就是The Soul Artists Club。每周一晚上我们都会把自己在这周创作的作品拿过去。当时我们大部分或者是在工作，或者是在念大学。周一晚上过来的人包括Fun Gallery画廊的Basquiat、Haring、Kenny Scharf和Patty Astor，以及South Bronx画廊的Stephan Einst。这样持续了一年后，店里积攒了很多很多作品，这个势头起来了。Futura开始在类似The Peppermint Lounge这样的晚间俱乐部展示我们的作品，然后与Fred（Fab 5 Freddy）在Mudd Club办了一场特别酷的展览。最酷的一点是去看这种类型的展览时，你会认识Plasmatics的The Clash和Wendy O. Williams、Afrika Bambaataa、The B-52s和The Talking Heads这些牛人。你会发现纽约其实并不大，你走进酒吧，墙上挂着你的作品，而这些大佬是你的观众。"

涂鸦艺术家QUIK, graffiti artist

尽管涂鸦给纽约市中心的艺术圈注入了一剂强心针，但是艺术圈从来没有彻底向它打开大门。1985年的时候，涂鸦没落成了一种活跃在地下的亚文化。这可能是因为这种艺术形式坚持初心，一直保持在地下活动；但真正的症结在于涂鸦尺寸太小，高雅艺术常用的画布根本占不满，而且它一直以来的目标都是用喷雾器与社会的某个部分进行对话。从另一方面来看，街头艺术家希望与普遍大众进行对话，他们采取的方式也是多种多样的，那些"标签"（tag）并不是创作的最大特点，只不过是讽刺图像或符号之余的一个签名。涂鸦和街头艺术在20世纪80年代末期彻底分道扬镳，一个坚持"keeping it real"，另一个迅速发展成了最受欢迎的艺术运动。2008年，街头艺术的发展在海量资本的催化下达到了巅峰，并且"最可怕的结局"成了一场彻头彻尾的炒作盛宴。

事实上街头艺术发端于20世纪60年代初，这里的"街头"并非如你想象中指的是美国，而是在巴黎。第一批街头艺术家中有人以罐装喷雾涂料为画笔，以整个城市为画布，他就是Gérard Zlotykamien，"二战"期间为了躲避纳粹迫害逃到法国的波兰裔犹太人。他开始反复喷涂"Les Éphémères"字样，表达他对大屠杀的抗议。如他所说，"（20世纪）60年代初在市区涂鸦，是我表达的方式，因为当时有些东西是被禁止的。"

这不

REVOLUTION POETRY

SOUDOBÉ
MUČÍCÍ NÁSTROJE

本页

站在政治涂鸦前的女人，伦敦，20世纪60
年代；Blek Le Rat的涂鸦作品，巴黎，20世
纪90那年代。

20世纪70年代，深受Zlotykamien和涂鸦影响的Blek Le Rat花了好几年时间去思考如何把纽约狂野风格的涂鸦转化为更加鲜活、具有鲜明欧洲特征的艺术形式。第二次世界大战后，Blek见证了众多政治意味浓厚的涂鸦；一方面他把记忆中的涂鸦与70年代在纽约的所见所闻相融合，另一方面又从丝网印刷和Pignon-Ernest的木炭作品中提取灵感，Pignon-Ernest是真正的街头艺术先驱，街头涂鸦艺术就此诞生。1981年的巴黎街头，Blek到处去画老鼠涂鸦，然后他的作品拓展到等身人像、对经典雕塑作品的重新演绎等，渐渐出现在了现代化都市的街道上，意在致敬Pignon-Ernest在街头张贴海报的事迹。这一举动极大影响了深受街头艺术和涂鸦影响的设计师：最典型的例子就是Shepard "Obey" Fairey和Billionaire Boys Club。

时间来到了21世纪初，城市艺术是最耀眼的存在，以鲜活而现代的方式进行艺术表达。对于20世纪90年代的现代艺术（Tracey Emin、Damien Hirst和the Chapman brothers等）而言，这真是个天大的笑话；就如同波普艺术（Pop art）应对的则是早于它出现的抽象表现主义（Abstract Expressionism）所倡导的男子气概等不值一提的概念。街头艺术具有革命性的意义，如你所愿的鲜活，而且面向大众。从字面意思上看，街头艺术是面向街道的艺术，也就是每个人都能看得到，表达自己的喜恶，无需艺术史专家在那里滔滔不绝地说一些玄而又玄的话，解释作品的真正含义，也不会让观者感到自己太穷或无知。街头艺术进而体现在它的观众的衣着上。街头艺术的造型和感觉很快就渗透到绘画、电影等其他街头服饰的元素中。打个比方来说，街头艺术现在是青少年涂鸦的大姐姐，那么街头服饰就成为了它的近亲，这都多亏了巨大的消费需求。这也带动诸如Carhartt这样的品牌纷纷成立画廊和艺术空间来培养艺术家，帮助他们不断成长。

"Alife是从街头起家的。我们在租的房子里开了一间画廊。我告诉涂鸦圈里的人——我能联系上的只有这些人——我们开办了一个平台/工作室/创意空间/或者随便你怎么称呼它，然后我们希望大家能够加入进来。然后我们定好了见面的时间，那次来参加会面的大概有五六十个人，当时我们的店还没有正式开张。在涂鸦发展今天这个地步之前，这些人就是全部的创作者了。这些人里有ESPO、Reese和Kaws这样的涂鸦创作者，但是他们已经为下一步的发展做好了准备，而且当时涂鸦没有其他的平台。我们并没有大张旗鼓。从一开始，Alife关注的就是涂鸦艺术性的一面。我们不卖衣服、不卖鞋，只是一个艺术空间而已。再到后来我们打出了名堂，各种衣服和七七八八的东西就都掺和进来了。"

Alife创始人Rob Cristofaro

互联网在街头艺术的快速发展中也发挥了重要作用，它也是街头服饰市场营销的重中之重。人们在网上关注喜欢的艺术家的同时，很快就发现商店（通常同时销售喷漆）也在销售街头服饰。后来出现了在线购物。更多内容，请见下一章。

受到街头艺术影响的主要品牌

Obey, Alife, Bape (A Bathing Ape), Billionair Boys/Girls Club, ICECREAM, Palace, Black Scale, The Hundred, 2Bop, Acronym, De La Barracuda, aNYthing, Silas

人物档案: 街头艺术家、设计师SHEPARD FAIREY

"街头艺术、wheatpaste和类似东西成了一种引人注目的现象。不过我认为Shepard Fairey才是最厉害的那个角色。你懂我的意思吧。他才是狠角色。我记得在跨布朗克斯高速公路（Cross Bronx Expressway）上涂鸦，我当时的反应是，'在高速公路的灯柱上，画巨人安德雷（Andre the Giant）的脸是个什么鬼操作？'就像是回到了20世纪80年代末。就是那批人，他们是真正的先行者，管他们做的是艺术、是时尚，还是其他什么的。就是这种东西让我们躁起来。这是游戏最经典的部分。"

Rob Cristofaro

Shepard Fairey创立的服饰品牌Obey是当代以街头艺术为基础的街头服饰的先驱。今天，这个品牌已经打入了很多国家的高街市场。本文以管窥豹，探索品牌建立的过程。

时间回到20世纪70年代，南加州查尔斯顿（Charleston）的郊区有一户人家，妈妈曾经是啦啦队队长，现在是房产经纪人，爸爸是医生，他们的儿子Frank在私立学校Episcopal Porter-Gaud念书。学校周围都是树木和水塘，自然景色优美；换句话说，与世隔绝。Frank有点书呆子气，这让他成为了大家欺负、排挤的对象（和现在不一样，极客都是年轻人）。开着自家的福特雷鸟与庞蒂亚克火鸟肌肉车，在精神污染般的AOR音乐中如同满身橙黄的野兽一路狂飙，很快

便厌腻了可口的甜点，只能拼命填补各式各样的空虚和无聊，他的学校同学都是来自大富之家。尽管没有遭受肢体上的暴力（这是被禁止的，而且被认为太过于普通），但是Frank仍被视为是食物链的底层，在他们眼中又蠢又笨。不甘心的Frank拼命去寻找"敌人"的弱点好在口头上扳回一城，但最终他一头扎进了艺术的世界。接触到单板滑雪和朋克摇滚后，他意识到在这个高度同质化、竞争激烈、观点保守的学校之外，还有其他事物的存在；之前学校就是他的全部。心怀不满是所有原创文化的温床，很快这个小男孩声名鹊起，不再仅仅是Frank了。

我看过Papa Shep滑冰的视频。视频里的他看起来大概16岁，但实际他已经差不多22岁了，滑得很

上方

Obey套头衫，上面的做旧丝网印花是巨人
安德雷。

两件Obey T恤，右侧T恤的印花是Shepard
Fairey眼中Glen E. Friedman为Beastie Boys
画的肖像。

不错。看着他的身影在我眼前飞速闪过，如同看了一部关于他人生重大转折的纪录片——有点像用8mm胶片记录Tony Alva在20世纪70年代末离开Dogbowl池。一路快进来到2012年，屏幕上骨瘦如柴的白人小孩已经被逮捕了6次，一直在控制自己的糖尿病，会不时抽搐（推动街头艺术，你背后有没有警察跟过来，这么生活20年你也会如此），一根手指严重受伤，被起诉过，被痛骂过，被传闲话，被诋毁，自己的艺术作品被抹上泥巴或其他东西。换句话说，他是人，是和我们一样的人，带着生活赐予他的累累伤痕；而就是这么一个大名鼎鼎的人物，却难以想象的谦虚。我们在城市中穿行，他会在每一个灯柱和路标前停下脚步，撕掉上面的贴纸。进展十分缓慢，他被周围人认出来后就更慢了。"嘿！你看着眼熟，是不是那个做Obama海报的？"的确是他做的，因为他就是。

我和Shepard Fairey（艺术家、活动家、两个孩子的父亲、Amanda的丈夫）走在都柏林街头，天气很冷。我们之所在这里是因为共同参加了一个创意节，去餐厅、酒吧、体育馆、剧院、画廊、俱乐部（随便你怎么选）之后，谈话不可避免地谈到了那张奥巴马海报。这张海报毫无疑问为奥巴马赢得大选发挥了巨大作用，因为它触及很多原本不可能投票的人；而这些人正是在线上或线下认出了这幅名为"Hope"（希望）的竞选海报。在美国总统竞选历史上，这是候选人首次理解、运用——并见证了——街头文化的巨大力量；这一切都要归功于Shep。但是，紧随其后的是围绕有关案件产生的恶语相向。在我看来，这种回馈开创者的方式简直令人作呕。

"所有的善行都会得到惩罚。但是我在应对方式上犯了错误。令人很失望的一点是，自从摄影技术出现后，人们在发展艺术的过程中以摄影图像为参考，从Duchamp到Warhol再到Kruger都如此操作，20世纪以来半数的艺术成果也都源于此——这种艺术却被认为是侵犯版权，我本人也被这样的理由送上了被告席。"

这种艺术对于文化内部的真诚对话十分重要，相

当于视觉版的美国宪法第一修正案（言论自由）。一想到它的境况岌岌可危，真是让人不寒而栗。某些人肯定在创造艺术前会前思后想，因为他们承受不起被起诉的代价。

"这种表达简直压抑得让人喘不过气，对于民主制度的正常运转非常不利，但是我也算吃一堑长一智。我认同版权，我认同人们不应该原封不动地照搬其他人的作品，对他们的收益造成损害——但同时我认为，如果某样东西是以其他东西为灵感，同时还添加了新的、独有的价值元素，那么这种东西就不应该被认为是侵权；这是发展，这是改变。"

从skate-punk到全球贴纸冠军再到让我们去"Obey"的街头艺术活动家，从艺术活动家，到电影海报、书籍封面和服装设计师，再到全球广告人望眼欲穿的设计工作室负责人……谈到广告，Sprite雪碧用他们的"Obey Your Thirst"广告打破了Shep的信条，这反而刺激他走出来，抢回广告牌的控制权，将呈现出的视觉效果恢复到应有的状态。类似物体的重组，回归本源——这股力量很强大，这个想法冒了出来。这推动我回顾过去，深入挖掘Mr Fairey文化影响的根本因素。我从雷蒙斯乐队（The Ramones）的歌曲中找到了灵感。

"你可以说我受到雷蒙斯乐队的影响：一旦找对了路，就一路坚持下去，坚持25年！但是我认为雷蒙斯乐队很棒的一点是把之前的Motown、冲浪音乐和各种20世纪60年代优秀的流行音乐的精华提取出来，再用他们自己的感受方式进行演绎，形成了他们自己独特的风格。我的创造受到很多历史作品的影响，但是这些都很好地融入了我的作品中；你可能会看出某些影响的痕迹，但我个人的风格依然十分鲜明。雷蒙斯乐队的另一个特点是，很多人说他们不会弹琴：他们的演奏技巧确实没那么好，但我就是喜欢他们的音乐，因为它很简洁、很出色。"

在朋克摇滚中，做出好音乐对于演奏技巧并没有硬性要求，Shep很快发现这一点同样适用于视觉艺术。

此外，雷蒙斯乐队把很大一部分精力放在巡演，以及制造、传播理念上。很多人把雷蒙斯乐队与Shepard进行类比……时至今日，他依然精力旺盛。面对自己在技术练习上的短板，他选择从其他角度进行补足，包括巨大的创作量、澎湃的热情和强大的信念。

与Shep在一起的时候，就像是经历了一场街头文化的龙卷风，无数张赫赫有名的面孔在你眼前相继飞过。Mick Jagger打电话请他设计Rolling Stones50周年的纪念Logo；他为自己最好的兄弟Russell Brand设计了书籍封面；他认识所有的重量级人物，他的事业如日中天。班克斯转头来到他的院子里，给他看自己拍的纪录片《画廊外的天赋》（*Exit Through the Gift Shop*）。演职员表出现后，Shep预言这位Mr Brainwash（洗脑先生），也就是班克斯（Banksy）这部电影中倒霉的主人公，看似光鲜的艺术事业也就到此为止了，我的看法完全一样，然后我们俩都被打脸了。现如今，艺术想要变现靠的是名气，而Mr Brainwash因为这部电影而赚得盆满钵满，他的作品价格一路飙升。此时此地，我终于理解了那句老掉牙的话，"不要恨玩家，要恨就恨这个游戏"（don't hate the player, hate the game）。

我们起身离开，继续在这座我们都不熟悉的城市中散步。我的脑海中各种画面纠缠不清，一会儿是无处不在的巨人安德雷，一会儿是到处贴贴画的Shep。我突然意识到，我纠结的是他为什么要选择一个摔跤手（巨人安德雷是美国职业摔跤手）？难道Shep喜欢看摔跤比赛？或者只是个玩笑，或是什么我太迟钝没明白的比喻？

"没有那么复杂。当时我翻遍报纸想找张图去教朋友怎么裁剪蜡版，安德雷（Andre）碰巧来到了罗德岛（Rhode Island）的Providence，我当时的艺术学校就在那里。然后就找到了这张广告，我跟朋友说让他用巨人安德雷（Andre the Giant）做一张模板图，他说做不了，他觉得这太蠢了——我说如果我们不告诉别人这是什么的话就不蠢了——这是独一无二的——我

们这个两人精英俱乐部就会成为Providence最热门的话题。他被我说服了。

所以创作巨人安德雷（Andre the Giant）贴纸很大程度上就是为了好玩儿，为了调侃滑板圈那种无处不在的小圈子。Shep和他的朋友没想太多直接上手，多亏了万有引力定律（或者丛林法则），有些东西一旦开始就会发展出属于它自己的轨迹。但是Shep只能是开足马力去复制这个贴纸，因为他知道发出去的越多，就会有越多的人想知道这究竟是什么。谈论的的人越多，这个原本毫无意义的东西就会被观众赋予更多的含义……现在这个图案已经横扫全球了。

Shep对现象学很感兴趣——即对经验和意识结构的哲学研究。这又相应地推动了他进一步思考对公共空间的使用，为什么有些东西（涂鸦）是非法的，而另一些（广告）是合法的。他从没想过要思考关于公共空间管理和管理程度强弱的问题，但是这些问题开始给他造成越来越大的困扰，所以他最终把它们体现在了他的作品中。也就是在这个阶段，他的事业从巨人安德雷（Andre the Giant）进入"OBEY"阶段。品牌的灵感包括约翰·卡朋特（John Carpenter）的电影《极度空间》（*They Live*）（标语"OBEY"的出处），Barbara Kruger作品的色彩和风格，以及英国作家乔治·奥威尔（George Orwell）最广为人知的小说《1984》中的哲学思考。Shepard把迄今为止他接收到的各种影响融会贯通，形成自己的文化体系，并在此基础上进行延展。新的纪元即将划破天光，OBEY品牌已经出世。

谈到出生这个话题，我和Shep在父亲的角色上很有共鸣。关于父亲所带来的影响，Shep这样回答："我不清楚是不是所有艺术家都十分专注于自己的工作。我猜大部分如此。我知道我专注在自己想做的事情上，有时这会让我在不自觉间忽视其他人的需求，不是说全球这个大的层面上，而是会忽视那些真正需要我去爱、去关心的人。但是孩子出生后，他们是没有能力去照顾自己的，所以你不得变得有同情心、不再那么自

私。这个过程太神奇了。"

好像才刚开始，就已经结束了。我们俩坐在台上、面对观众，有吃有喝，边笑边学——一天就这样过去了，我们的工作也画上了句号。分开之前，我们约定洛杉矶再聚。我说这场对话让我感触良多，他说我让他想起了年轻时候的Michael Caine，但是在我继续说个不停之前，我就跑去赶飞机了。这趟航班登机需要6个小时，但航程只有35分钟。Kalifornia 美梦2.0（Kalifornia Dreaming 2.0）。

上
外套、渔夫帽和伐木工衬衫均来自Obey。

互联网时代的
街头服饰

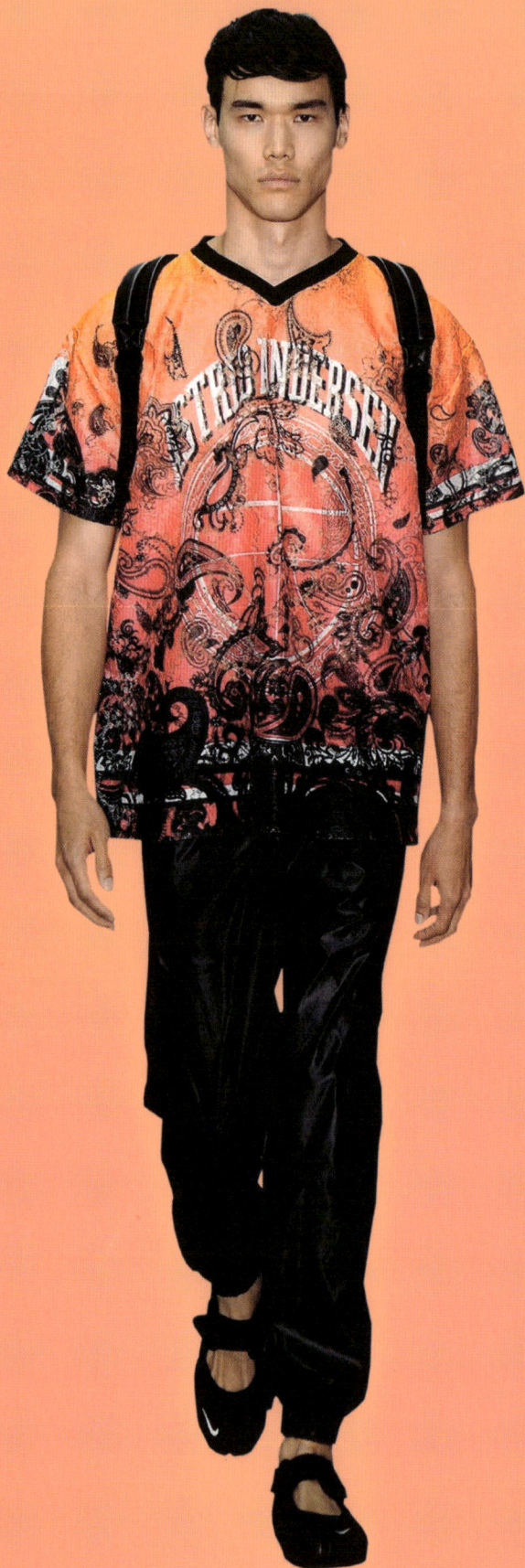

互联网带来的丰富多样的媒体流是
世界各地年轻人都翘首以盼的。
它催生了全新的交流和贩卖方式；
也正是因为如此，
它颠覆了街头服饰的发展、推广和消费。

对页
Astrid Andersen 2015春夏季时装现场上
的模特，展示一件极具女性气质的美式橄
榄球T恤。

互联网2.0改变了很多事物，包括街头服饰的推广和消费方式。飞快的网速把静态笨重的在线商店变成了流畅的内容频道，各种生活方式（消费者喜欢的都有）与衣服、艺术、设计和其他吸引消费者喜闻乐见的形式结合在一起。这是新购物形态的雏形，也是Gen Y一直期待的。这比MTV要强百倍，因为你能够实际参与其中。Hundreds、Hypebeast和Slamxhype等站点推出了自己的频道，有些隐藏得更深（很多在线门户网站的默认地址是色情网站，只对14岁的男生有吸引力），所有频道的核心是改变产品。这简直是商店的终极形态：在这里你可以看看商品介绍，拖动滚动条看衣服，同时看一两个有意思的视频，终于你的目光落在了最新的限量版，那通常是一个潮牌与耐克这类大牌的联名款。

"我记得最开始做Slamxhype的时候，很大程度上是因为市面上没有任何针对街头文化的平台。当时有的是RTHQ、beinghunted.com和其他几个论坛。我建立Slamxhype是因为我没那么多钱去办杂志。12年后的今天，不仅有很多围绕街头文化建立的大型网站，还有很多专门的杂志。当然，它们的影响是不同的。从创立目的而言，网站为了解街头文化提供了更加广阔的渠道。我记得当时的人们非常气愤，因为网站的建立使得外人能够了解我们认为很神圣的文化，甚至还带来了大批追随者。现在已经不存在这种区分了，而且一大批新的品牌正是伴随着类似Slamxhype这样的网站成长起来的。这些品牌对互联网的依赖度非常高，它们的战略甚至是完全围绕数字媒体和电子商务来制定的。

Slamxhype创始人*Adam Bryce*

登录互联网后，街头服饰迅速演化成为内容丰富、形式多样的媒体流——如同一个影响力巨大的电视频道——在这一过程中，用户生成内容（UGC）在视觉语言定调和确定在线销售方式上发挥了巨大作用，影响不可小觑。品牌也很快意识到了这一点，推动消费者成为内容生成者和新一代的品牌大使。街头服饰品牌在打响知名度的过程中，最重要的是抓住人们想要表达、想被倾听的欲望。相比被动依赖传统媒体工具和平台讲述品牌故事，大众渴望的是讲述自己的故事，不论是在社交媒体上（在Instagram上发一张照片，配上1 000字的说明）还是在IRL上。

超过2/3的美国青少年都会把自己写的内容发布在网络上，这个数字非常可观。从积极的角度来看，"普通"民众有了发声的机会，为"流行"文化做出了实际的贡献，与"专家"（expert）文化形成了鲜明对照。这与原创街头服饰的推出息息相关，因为它又绕回了最初的主题，"小众为王"（niche is king）。

然而，当网站开始利用用户生成内容变现后，情况又会如何？当你个人的回忆、文字、想法和照片不再属于你自己，而变成了加州库比蒂诺（Cupertino）某家IT巨头的所有物，情况又会如何？如果你的照片和视频都归Instagram呢？这可能会成为一切的分水岭。然而，对于品牌而言，这可能成为品牌与用户建立切实联系的起点。让他们拿走全部的所有权。千万不要试图在文化上画地为牢，要顺势而为。

接下来在应对这些问题时，可以采用的方法包括开放共享和与Creative Commons这类的非营利组织开展合作。这些组织通过免费的法律工具推动创意和知识的实际应用和共享。举例来说，它们提供的版权许可简单易用，一方面，以标准化的方式授权公众使用、共享创意作品；另一方面，作品的创作者也能够选择特定的限制条款。这些许可并不能替代版权，而是平行起效的。

不论针对的是哪种利基市场，创意是所有街头服饰品牌的源头，意在表达其核心理念。借用现代化数

2Bop 2015年Lookbook中的一张宝丽来相片，南非互联网时代街头服饰的奠基人，其影响不仅限于南非。

字工具，创意的表达方式与现实世界产生了激烈的碰撞；这一过程碰巧与互联网2.0的崛起重合，速度更快、价格更低、功能更强的软件、相机、电脑和其他电子设备无疑还是其中的关键一环。人们能够以更加简单的方式表达所思所想，无需为摄影、剪辑、摄像或设计等专业人士支付大笔报酬（在此之前你可能根本负担不起这些费用）。此外，品牌和它们的终端消费者也能够实现有史以来最直接、最明确的沟通交流。

互联网时代的重要品牌

Simon and Mary, Wood Wood, P.A.M., Visvim, Pigalle, A.P.C., Neighborhood, WTAPS, Fucking Awesome, RVCA, Cav Empt (C.E)，Jilted Royalty, Hood by Air, Public School, Herschel Supply Co., Crooks & Castles, SLVDR, Act Like You Know (ALYKCRU), Daily Paper, HYPE Clothing, Trapstar, Undefeated (UNDFTD), 10 Deep, Surface to Air, Abandon Ship，2Bop

对页

Simon and Mary 的 Wonky 系列的 Spagnola Wonky 帽子；Staple，2013 年秋季；"我发现时尚给流行文化带来了巨大的影响，帮助年轻人认识到他们不是非要靠着消极阴暗的方式才能生活下去。" Crooks & Castles 创始人 Dennis Calvero。

访谈: *SLAMXHYPE* 创始人 *ADAM BRYCE*

你第一次穿街头服饰是在什么时候？第一次接触街头或运动服饰是什么时候？ 你当时有什么反应？这个想起来有点儿难。我小时候特别喜欢运动，什么运动都参加，但估计得到九岁、十岁的样子才发现这些有街头元素的衣服。我长大的那个地方很穷，每个人都把运动鞋和街头衣服当宝贝。你看着那些大一点儿的孩子，羡慕他们的鞋和衣服。我们买不起Jordans这类我们特别想要的，但是为了买到这些衣服啊鞋啊让别人高看一眼，我们什么都做。我还记得我的伯祖母（或婶祖母）从加拿大给我带了Reebok Classics，我天天穿，觉得自己高人一等。

你自己最喜欢的街头私服是什么？你喜欢它哪一点？ 我把所有衣服都留着，我觉得每一件都属于特殊的意义。但是岁数大了以后，我对衣服就没看得那么重了。我依然存了几件，比如早期Jordans和HTM的产品。但是我现在依然每天穿的就是两千零几年买的Undercover MA-1夹克和Electric Cottage MA-1。

为什么街头服饰对时尚界有如此大的影响，而且持续时间这么长？ 我认为这种影响已经存在有段时间了，只不过没有像现在这样明显或者这么大范围。街头服饰在音乐、艺术等文化细分领域的影响越来越大，被时尚设计师发现，进而影响时尚圈的概率也越来越高：或者是设计师直接看到了街头文化的不断发展，或者像是Riccardo Tisci和Kim Jones，他们自己就是街头文化的追随者，所以他们的设计作品被认为受到街头服饰的影响，就像受到其他风格的影响一样。Tisci和Jones这类设计师的作品走红后，就会引来行业其他人的跟风效仿。归根结底这就是一个"引爆点"（tipping point）的问题，当然直到最近才刚刚引爆。

你来自新西兰的奥克兰，你怎么看街头服饰的同质化现象？ 有互联网在，这种同质化肯定会越来越明显。不过，购买商品依然存在一定的限制。互联网改变的不仅仅是街头服饰的影响力和趋势，还有购买热门商品的门槛，后者尤为突出。比如说，在20世纪90年代的奥克兰，小孩子身上穿的是伦敦或者纽约那些衣服的本地版，但是完全相同——很可能全球各地都一样。我认为这是街头文化整体上面临的情况：所以你可以说有本地音乐或文化的影响在，但是这些本土因素在我看来也源自一种新的全球性文化。很多时候，我认为距离的消失会磨灭对街头服饰或周边产品的热情。如果你家后门就开了一家Supreme，那它肯定没那么特殊了，但是如果你住在地球的另一端，只是听说过这个牌子，那么它就会是一个有魔力的地方——你会想尽一切办法去逛这家店。

对于那些刚开始做自己街头服饰品牌的人，你有什么建议？ 关于这一点我想了很多。我认为我能给出的最有用的建议是如果你真心想做，那就去做；不要只是为了赚钱去做，这不是街头服饰的精神。做品

本页

Adam Bryce摄影作品。

牌是为了发出声音。另一个建议是不要照搬过去成功的经验。你见过或者了解过的那些品牌，它们的全盘策略就是"成为新的Supreme"。这肯定行不通。Supreme之所以能成功是因为它做到了keep it real，这是街头服饰中最重要的。街头服饰不是生意，是文化。

访谈：设计师
ASTRID ANDERSEN

如果有一个人全心全意地接受街头服饰,
那么肯定是丹麦设计师 Astrid Andersen。
她的所有服饰系列从一开始就展现出浓厚的街头气质。
从她的作品中你能看出,那不仅仅是与街头服饰的"点头之交",
根本就是直接从街头服饰中分化出来的。
她的作品出现在高高在上的T台和全球各地的精品店中,
也是普通街头最耀眼的风景线,稀有而美丽。

你第一次穿街头服饰是在什么时候？第一次接触街头或运动服饰是什么时候？你当时有什么反应？ 是一套阿迪达斯运动服,裤腿上扣扣子那种。我四年级的时候穿的,当时同一款买了四种不同颜色。如果你没有这条裤子,那你弱爆了。当时大家穿相同衣服的那种力量真是难以想象的大。放到今天,这太丢脸了。这一点我从来没想通。

你自己最喜欢的街头私服是什么？你喜欢它哪一点？ 我最喜欢的是 Nike Le Bron 篮球大短裤。我出差的时候会把它放到随身行李里,就怕弄丢了。它

的面料特别棒,但是我自己都搞不懂为什么这么喜欢这条短裤。我觉得我喜欢的是穿上它带给我的那种感觉。

你的设计美学中有哪些丹麦的特质/影响？ 注重细节,重视面料和工艺。

对你影响最大的艺术家或设计师是谁？ 是 Kim Jones,他在高级时装中开创了一种新的美学,有时我都把它当作理所当然了。

━━
对页

Astrid Andersen 印花篮球连体裤。

━━
右侧

Astrid Andersen x Topman 联名款。

街头服饰的未来在哪里？你认为它会向着什么方向发展？ 也许很多人需要注意的是"街头服饰"（streetwear）这个词很多时候都被用在了错误的语境中。在受到街头服饰影响的同时，将之改造成高级时尚是一件需要耗费很大精力去研究、琢磨的事情——为什么街头服饰这种文化现象能够从整体上影响时尚，而且需要我们极大的关注。

你最关注的新人设计师是谁？ Craig Green 的作品总是能给我很大的震撼。我觉得他就没有经历过新人阶段；他从发布第一个系列开始就特别有态度，再过几年他肯定会成为很有影响力的设计师。

你认为男装和女装会合二为一吗？ 不，但是我认为大家对于男装和女装的定义会有所改观，二者基本就没有关系了。

你是如何为自己的第一个系列筹措资金的？ 我就住在工作室里，不出去，也没有收入来源。实话实说，很多情况下勤奋工作是可以弥补资金上的不足的。

谁是你最重要的导师？ 英国皇家艺术学院（Royal College of Art）的高级导师 Ike Rust。在我有勇气做自己想做的事业之前，他就十分相信我的能力。他教导我要勇敢、要自律。对我而言，他的意见永远都是最宝贵的。

互联网是否导致了街头服饰的同质化？ 各个国家的街头服饰是不是都开始出现千人一面的情况？互联网的出现使得世界各地的人们有机会通过某个造型或文化建立一定的联系，这种造型或文化代表的正是他们一个个的个体；但是我认为各个地区人们的着装风格依然存在鲜明的差异。我见过哥本哈根和东京的男生都穿着我的衣服，但是二者风格截然不同。

你希望自己的品牌在 5 年后发展到什么程度？ 有没有什么品牌是你想效仿的？我希望我们能够继续按照这个节奏发展，我在做管理的同时，也能一点点把工作重心归拢到设计上。

人物档案: *BREAD & BUTTER Berlin* 总监*JOEY ELGERSMA*

互联网改变了零售业，Joey Elgersma就是见证者之一。在接受本次采访时，他是全球最大的时尚商品交易会Bread & Butter Berlin的营销总监。他热爱一切与街头有关的事物，他的职业经历也很有意思，在时尚、造型、数码、电影和视频等多个领域均有涉猎。他能够在这么大一家公司升任营销总监一职的事实本身就证明了衔接品牌与消费者双方所需要的优异能力。我在非洲和欧洲都与Joey共事过一段时间，我们共同开办工作室，为那些上不起大学或艺术学校的有才华的学生提供辅导。我很确定的一点是，他是品牌运营的个中高手。

我们绕着Templehof展馆散步。两年一次的Bread & Butter Berlin展览就在这里举行。尽管Joey从头到脚都是名牌，但他的态度完全是通过街头服饰体现出来的。

"我喜欢的牌子太多了，而且我不愿意在一棵树上吊死，因为这样我就无法享受另一个品牌。简而言之，我是一个消费者，我去超市就会尽量买最好的产品，因为我不想亏待自己，当然，这都与营销有关。"

大张旗鼓或静水深流，营销活动从未停止过。但是对于那些自身选择源自他人风格的消费者而言，如何与他们建立联系呢？如何不再让售价成为影响大家购物的障碍呢？市场可以被分为两个部分——少数真正懂行的人（他们如同独行侠，都是纯粹主义者）和大多数只关心价格的人。消费者平均年龄越低，"快餐"式消费心态就明显，在品牌市场中表现得尤为突出。

"小孩子们才不会去花250美元买一条牛仔裤。他们就想去垂直类店铺花20或30欧元买衬衫或者裤子，因为穿起来好看，像Rihanna或Chris Brown。面对这种市场情况，我发现这导致了很多问题。很多独立零售商，也就是各个品牌，都受到了严重冲击。不论你身处哪个城市，如果你能找到真正的、纯粹的零售商——只买他们真正喜欢、想要展示的商品——然后它的隔壁就是& Other Stories、Cos或其他垂直类品牌的店。面向大众的商家中永远人潮涌动。这是我们不可撼动的现实。

由此我们不禁要思考一个问题：这些垂直类商店（换句话说，能够针对某一特定消费群体独立完成生产、推广和供货等所有环节的企业）是真正意义上的品牌吗？或者只不过是连锁店的翻版，对其他市场参与者造成威胁？

"在我看来它们就像是宜家（IKEA）。如果我从宜家买了件东西，两三个月后我就看不上眼了。这种档次的衣服也是同样道理。大多数人买它们就是因为便宜，穿两天之后就再也不穿了。这二三十欧元就算了浪费了。"

一切又都回到了短暂风潮的快速更替和环境发展变化的速度上，一季接着一季从无休止（一年推出多季是高街品牌的常规操作）。高街时尚不断发展的背后没有真正的文化作为支持，反而全都是垂直企业到处搜刮灵感、探求市场喜好，以及更重要的市场需求。时尚"产品"并没有真正的原创文化作为背景缘起，只不过

上

Cav Empt在电话亭里（左），双层MA-1夹克等在外面（右）。

背面

你需要的只是一件帽衫、铁丝网和摩托车……

是乱七八糟的一锅大杂烩：我们要这个，我们还看见了这个，我们想把这两个结合在一起。好吧，现在我们不想要这个了，我们要那个、那个还有那个。这些品牌对每一季服饰没有固定的计划，而这恰恰是时尚行业最重要的支撑。当前，绝大部分主流时尚企业都在自由发挥，看好什么就做什么。令人悲哀的是，只要市场上存在只看价格的消费者，这种空洞低劣的方法就依然有大量人群买单，尽管它会造成大量浪费、消耗宝贵灵感。但是这些公司受人追捧仅仅是因为产品便宜吗？或者Primark这样的地方也能拥有忠实的消费者？

"他们追随的不是Primark，而是Forever 21。我把H&M看作一个客观的排在中间的孩子。H&M针对每一个目标群体都成立了相应的子公司：不论你是喜欢斯堪的纳维亚/柏林风格的女生，还是LA风格，抑或是更加成熟的伦敦风格，他们总能抓住你的喜好……而且是以其他公司望尘莫及的速度锁定你的目光。"

这一点颇值得玩味。实际情况很简单，体量更小的独立品牌生产周期更长，速度更慢。他们不可能来到中国对供应商说："这个夹克我要250件。"因为答案很可能是："好吧，需要按顺序排队等候。"因此，他们必须迅速反应，用更加聪明的策略反击这些主流大企业。他们必须另辟蹊径，着眼于真正的文化，而非资产负债表上的利润，并采取恰当的措施。他们别无他法，因为他们的衣食住行都仰仗于时尚行业（或任何他们所从事的领域）。

我们换了个话题，开始探讨那些与街头服饰有关、一路走来也值得尊敬的品牌。和之前一样，从我们都很喜欢的Stüssy开始一路聊到了Vans，我们都认为Vans在大众市场中是一个很讨巧的存在。

"我会一直看好Vans，因为我觉得它非常重视终端消费者的看法，是一个不忘本的品牌。这家公司里有真正懂行的人。在我看来，品牌背后的人是一个品牌的灵魂所在。"

但是，是否会考虑钱的因素呢？公司如何才能推出真正具有影响力的品牌呢？我问Joey的最后一个问题是：街头服饰品牌有哪些关键元素呢？

"想要成为一个言之有物的品牌，你必须深挖一个概念，一个简单易懂的概念。我不是很喜欢下面这种状态：我有好多兴趣爱好，好多事情想做，然后我要做品牌。在我看来，这种状态根本无法明确定义。假如我自己要做品牌的话，那肯定是另一番光景了。我不知道，这很难说，因为要做出选择，但我不知道该选什么。我必须把范围缩小，这是我这辈子最大的难题……所以假如我要做自己的品牌，那么它很可能是关于'换个角度思考'的真正含义。"

聊完后，我们在柏林午后的街头继续闲逛，周围是上百万消费者心心念念的全球知名品牌。

街头服饰
的未来

从高街时尚到高端品牌，
街头服饰给时尚带来了全方位的影响。
毫无疑问，它将继续在全球时尚领域发挥
关键作用，也许来自某位设计师文化基因的
灵光一现，他在线上重新组合或其他类似的操
作，最终的落脚点是一件T恤、衬衫或帽衫，
这些东西对人们无声地讲述着
我们刚才提到的那些故事。

对页
加纳街头最新的西非印花，来自时尚品牌
Yevu，致敬位于加纳首都阿克拉中部的
Nima社区。这里人口密集，大部分为穆斯
林，非常贫困。

街头服饰的影响渗透到时尚的各个层面——从人模狗样的快时尚衣服（可能出自某个曼彻斯特工厂的生产线，周三还是某个"名人"（sleb）马克杯上的图案，周六就出现在高街服饰上），到一流设计师品牌（通常都异常乏味）。然而，街头服饰想要继续发展下去，必须完成两项改革，刻不容缓。

第一，目前很多品牌为了卖货依然在大肆宣扬性别歧视、打色情的擦边球（本书之所以没有收录某些品牌就是出于这一原因）。在21世纪的今天，我们必须推出质量过硬的商品，不必仰仗这些廉价的手段。值得庆幸的是，尽管很多领域看起来最终以赚钱为纲，在街头服饰行业，真实依然是最重要的因素。

第二，我们必须认识到在街头服饰行业，消费者是发自内心地喜爱这些品牌。他们能够感受到品牌更深层面的意义。在表面上，品牌就是我们买的商品，我们不应与之产生感情上的关联。然而我们不仅产生了，而且在街头服饰品牌中这一现象还特别突出，因为我们选择的品牌在很大程度上反映了我们对自我身份的认知。这是街头服饰的全部意义：以外化的方式展现我们内心。当听到有人为了购买联名款或限量版运动鞋而通宵排队时，我们认为这一点儿也不奇怪。你绝对不会在Hoover或车上投入这么大的精力。所以，每一个在街头服饰领域占有一席之地的品牌都必须谨言慎行，也就是对它的顾客和他们的兴趣（各种亚文化、爱好等）给予最大的尊重。它必须全力支持这一切，且不要求任何回报。没错，品牌必须做到100%真实。产品做不到这一点，它们只是用来穿而已。

> "事实就是卖鞋从来不是我们的目标——我们想要为身处各行各业，但是志同道合的朋友们提供一个平台，这才是一直以来支撑Patta走下去的动力。"
>
> **Patta联合创始人Gee**

产品无处不在、无孔不入。但是随着资本主义的扩张和竞争的加剧，生产、销售产品已经被外包（实际并不开展生产活动）和出售梦想所取代。以此为背景，接下来是关于品牌定位改变的简要过程，与街头服饰息息相关。

最重要的转变体现为从出售实体商品改为出售理念、生活方式和梦想。耐克从生产、出售跑鞋的企业一路发展到今天，"拥有"了"运动"这个概念，在年轻的城市消费者中具有极强的号召力。红牛（Red Bull）原本是一家购买了这款泰国能量饮料在欧洲市场代理权的企业，发展到今天"拥有"了极限运动的声誉。排他性的"拥有"就等于据为己有，比如自然或欢笑。

我们都知道，货架上的商品是我们绕不开的：汽油、药品、大规模杀伤性武器、保险、必备食物等，我们可能哪种都用不到，但是我们不得不买。然而某个品牌卖的商品并不具备必需品的属性，因此可以说没有忠诚的消费者，也就没有品牌。如果品牌不关心它的粉丝、不倾听他们的需求，那么最终就会失去立足之本。顾客永远高于品牌，尽管有些品牌可能颠倒了这一主次关系。当顾客说"跳"的时候，品牌不仅要问"多高？"，还要贴心地补一句"我们还能为您做什么？"（引用John Lewis员工的话）。

275页
Patta #SSS Ladies Editorial Winter，2015年。Violette Esmeralda 摄影作品。

本页

Patta Team Running目录，Him Rinkles（左）摄影作品；Patta 2016 春季运动服系列，Vincent van de Waal（下）摄影作品。

对页

Patta x ASICS联名款。Karen Rosetsky摄影作品。

本页

Jay Reed的军师Jilted Royalty：他的造型
和生活方式都体现了他自己的原创风格，
这也反映在了他的服装上。

对页

Document靛蓝羊毛外套，
以经典的吸烟服为灵感。

代表街头服饰未来的品牌

Tempracha, Brixton, Lemar & Dauley, Daily Paper, Grind London, Seek (trade fair), Copson, Rory-John, òL New York, Drink Beer Save Water, Demo Division, Document, Bibi Chemnitz, 10 Deep, 3sixteen, Entrée Lifestyle, Lifted Research Group (LRG), Black Scale⋯

SS17. OW. 02 CHORE

本页

韩国品牌F**king Rabbits，南非德班的品
牌Tempracha，英国品牌Demo Division
2017春夏季系列，非洲加纳的品牌Yevu。

避免麻烦的方法之一是在创立品牌初期，对目标客户的生活情况进行全面的调研，然后根据这些洞见推动品牌以真实、透明的方式不断发展壮大，具体到街头服饰领域，这可能对应的是某种形式的亚文化利基市场。听起来可能有些奇怪，但是品牌的发展与人的成长有很多相似之处。在研究成功品牌的时候，你应该注意它所展现出的个性，而不是仅仅将之看作冷柜里的甜品。这种个性赋予了品牌这个无生命的物体一种人性化的特征，进而与顾客建立联系。因为具有特定的"身份"，品牌能够推出受到消费者欢迎的产品，但是它必须触及某个特定的消费群体，并与消费者建立真诚的联系。街头服饰涵盖了多种文化细分领域，为建立联系提供了广阔空间。

究其本质而言，时尚界具有很高的相似性。尽管我们的购买方式可能随着新技术的出现而有所变化，街头服饰永远不可能被3D打印机批量生产，它不是那种五秒钟内完成搜索、下载和消费的产品，它不是种子。与书本、电影、CD等这些"消费内容"不同：以前我们必须花费大笔金钱才能体验这些高高在上的艺术形式，但是现在网络上充斥着大量此类的免费资源。这极大地影响了大众对艺术和文化的观感，但街头服饰依然得到了很多人的尊重。你可以在网上查看某款限量版的T恤，除非你有相当的使命感否则你是不会去穿的。街头服饰要的就是真实。Supreme门店外排起长龙的照片就是证据，年轻人们焦急地等待着下一个联名款；这些品牌取得成功的事实本身也是证据，这是一部多种文化元素融合发展的历史。这是无法摆脱的事实。

有些时候，时尚服饰是可以被丢弃的，因此并不环保；但真正的街头服饰并不存在这一问题。风格永存，消费者也从真正意义上"拥有"他们的造型。格局更大的品牌（关注可持续发展、原材料的采购、员工福利等）将在本世纪迎来良好的发展前景。将这一理念与有关新兴亚文化、街头文化和年轻人文化发展的研究成果（互联网对上述发展造成的影响）相结合，你的事业发展在初具雏形的同时，就具备了确定未来发展方向的条件。

从某些角度来说，全球范围内的成功搅乱了时尚这池清水，引入了很多原本没有任何关联的影响因素。受此影响，东京原宿街头汇聚了各种服饰风格，比如看起来像是维多利亚时代恐怖/可爱娃娃的哥特萝莉（Gothic Lolita）风，Cos自己喜欢的CGI电影、动漫或电脑游戏角色的Cosplay爱好者，用鲜艳色彩、玩具、叮叮当当的首饰和其他饰品把自己从头到脚武装起来的Decora，以各种浅色和大量黄色（深受皮卡丘的影响）为主的"萌系"装扮，融合了日本传统和服与西方时尚的Wamono（融合后反而令人颇感陌生），以及代表了日本人眼中典型美国青少年形象的Gyaru风（尽管这种同质化的风格有时看起来更像是夸张版的加州艳星）。

今天，我们随时都能够找到任何人、任何事物的图片。互联网的出现意味着其他人都能够查看我们公开的一切信息，这必然会影响到行业运转、产品创作和成功等各个环节，以及真实的时刻——不仅仅是制造出的"商品"——出现的方式。

但是我们喜欢这种情况：一个来自撒哈拉以南非洲的小镇男孩向世界展示他独特的时尚视角，只需一个在线支付账户就能够把自己的设计卖到全球各个地方。这是未来街头服饰行业最理想的状态。一位西方的年轻设计师吸纳了源自某个亚文化的趋势或造型元素，并让灵感与自己已有的文化积淀充分反映、融合。然后他借助数字化工具把构想变为实际的商品，开心地完成工作后在社交媒体上发布消息，最后消费者在PayPal上下单。

当然，前路如何我们也无法完全确定。这有点类似向一个玩儿朋克的人解释Stüssy与朋克精神的关系，或者向在美国南方腹地挖沟的工人解释为什么他穿的Carhartt工装裤在20世纪90年代是"潮流"单品，并且将再度回潮。这也是为什么街头服饰能够成为令人无法抗拒且含义丰富的文化元素。

右侧

在2018年的时候，穿Supreme就说明
你很喜欢排队。

　　最终，市场会对运行方式和大家的讨论带来更加长久的影响。近年来，雌雄同体或非二元性别成了热门话题，尽管这具有相当的进步意义，但是对于大众市场而言（触及面始终是重要因素），女性和男性消费者仍然是被区别对待的：没有解决方法，也没有打破这一模式的理由。涉及环保和工作环境时，从品牌最看重的理念考虑，谁买了什么将直接决定品牌产品实际的可持续性和公平交易情况。在现实情况中，消费者提出需求，生产商提供商品，而最精明的生产商会提供给顾客他们自己都不知道其实自己想要的商品。街头服饰的未来必将丰富多彩、令人期待。

如何领先一步：
交易展会

从某种意义上说，销售街头服饰本身就是一门艺术。请跟随我们开启Seek/Bright交易展会的机会发现旅程——Pharrell在之前与Bread & Butter Berlin的负责人畅谈一番后，建议独立品牌从小处着手——我们就意识到原创内容也会出现在展会上。和往常一样，我们错过了展会的正常开放时间和会后必须参加的酒会，但是废弃工厂中展示的最新、最酷的街头服饰让我们大饱眼福。自2013年起展会规模有所扩大，但是原创精神依然如日中天。

"自从Seek和Bright联合办展以来，联合展会就成了欧洲街头服饰和当代男装的主要集散中心……当然，这两个展会依然保持了各自的独特活力和精神。每个都有各自的品牌构成和与之相对应的生活方式，这也是我们一直关注的地方，为了维持相关度和新鲜感。尽管如此，为了能够充分展现我们精心挑选的品牌，界定并创造恰当的场景氛围是非常重要的，展会的规划应与整体背景和相关文化做到统一。原汁原味的参展体验离不开特别活动和附加彩蛋，比如艺术展、滑板比赛或音乐会等。我们为时尚业带来的不仅仅是一个展会平台，而是独一无二的空间，志同道合的人们可以在这里广交朋友、工作和互动。"

Seek展会总监Maren Wiebus

一方面，要能够把街头文化融入大小不同、各型各款的衣服中，然后生产出成品；然而我们无可避免地要面对一个价值高达6 400万美元的问题：如何让世界知道我在做什么？答案就在外面，前人已经探索出了一条现成的道路。

"过去时尚产业的运作模式就像一座金字塔：只有一小撮知识渊博、品位绝佳的人有权利从数百个候选品牌中挑选出合适的品牌。然后，他们放出消息，这个品牌也因此不断发展壮大。有些品牌的影响力甚至能一路达到金字塔的底部。然而在今天，所有事情的速度都加快了……所有人都能在任何时间了解全部信息。这意味着你可以一秒红透半边天，同时也可能瞬间惹出大麻烦，或者被后浪拍在沙滩上。信息和"消息灵通"变得一文不值，然而最关键的是恰当的搭配组合与刚刚好的时机……还有很重要的一点，永远真实——可信度是关键。

Bright展会创始人Thomas Martini

> "一切都围绕真实来展开，没有例外：任何人、任何展会、任何品牌、任何商店。在这里我想引用Bad Brains乐队的一句话：'我是正确（明智）队伍中的一员'"。

Thomas Martini

网店有助于打响品牌知名度，但展会真正的作用是在参展的两三天内，你通过对接有关方面，帮助自己的品牌进入尽可能多的高街商店、购物中心和精品店。展会汇集了各种衣服和不同文化元素，在参观的同时结识它们背后的创作者，这是多么棒的体验。此外，不论是你参观的线路还是事业发展的路径，这都是一个遇到不同元素的好机会。这种优势和体验是无法复制到虚拟世界里的。正是因为如此，全球各地的人每年都会来到柏林（街头服饰发展的重要城市）探索Seek/Bright所展现出的街头服饰销售的未来。

左侧 & 对页

Simon and Mary 的帽子依然沿用了20世纪50年代的板型，是每个小镇潮男的必备单品。色彩和艺术方向的改变非常明显，但是风格的精髓完整地保留了下来。

品牌档案：
SIMON AND MARY

　　说到帽子，街头服饰中常见的是棒球帽。不过 Simon and Mary 的主理人另辟蹊径，通过线上线下的品牌故事将街头元素进行巧妙的转化，用标志性的产品展现全新的精神内核。他们的帽子直接脱胎于1950年左右索韦托（Soweto）（位于南非，是非洲最大的黑人聚居城镇）的街头款式。Dean - Pozniak 家族最年轻的一代，也是公司管理者，让这一款式在2020年的街头重新复活。

　　我们走在约翰内斯堡的工业区，他的家族工厂从1935年起就在这里运营了。我们边走边聊。"我认为街头服饰是下不了定义的。"Dean 说到。"它是各种文化的融合体：滑板、冲浪、日本文化、嘻哈等，融合不同风格的多种元素。"

　　谈到文化影响，Dean 进一步说道："我没有时尚方面的偶像，但是有些人和他们的故事确实给予了我很

大启发。来自鞋履品牌 Losers 的 Thian Pillay，他来自南非，在日本和欧洲都取得了很大的成绩。还有我刚读完 Phil Knight 的书 *Shoe Dog*，他在里面讲述了他一手创立耐克的经历，十分有意义。"

　　我问 Dean 他对于时尚未来发展方向有何看法，他的回答是："看起来互联网已经影响到了时尚行业的运行方式。社交媒体和各种新平台的出现使得展示造型变得更加容易，感觉时尚的商业化领域正在做笔记呢。"

　　Simon and Mary 是目前街头服饰运营的优秀范例。拥有无懈可击的历史传承——具体到这里就是20世纪五六十年代的小镇时尚，经过南非街头文化（很可能是你能够发现的最出色、最丰富的街头文化之一）的洗礼，借助优美的品牌故事出现在全球市场上。听起来很简单，但是没有一丝一毫的造假余地。

人物档案：
设计师品牌TEMPRACHA

想要探索街头服饰的发展方向，你必须尽可能地远离它的起源……比如到地球的另一边去。街头服饰品牌Tempracha是当下撒哈拉以南非洲最炙手可热的设计师Sanele Cele的作品，他的影响力即将突破非洲，走向更广阔的市场。ADZ从一开始就在他的作品中有所体现，也必将贯穿他的设计生涯。

Sanele在南非第二大城镇乌姆拉锡（Umlazi）的A-Section（A区）长大，这里位于德班以南。家里除了独自抚养他长大成人的妈妈，还有3个姐姐和3个哥哥。为了赚更多的钱补贴家用，他的母亲在做警察之余还去卖衣服。从小时候起，Sanele就跟着妈妈去工厂店进货，寻找物美价廉的衣服，注意观察质量和做工细节。一趟趟的进货点燃了他对服装的热情，他开始自己画草图设计牛仔服，然后一针一线亲手修改衣服。

发现了他的天赋后，妈妈给了他很大的鼓励，并在他高中毕业后送他去当地的服装学院学习各种技术。她还给他买了一台二手的家用缝纫机（回忆到这里，他说这是"我一生中最开心的一天"）。在第一学年结束前，Sanele已经拆了好多条牛仔裤，并开始把自己的设计作品卖给其他学生。

成功收获第一桶金后，他开始向当地设计师寻求进一步的指导和帮助。有些人撕掉了他的商标，假装成自己的作品去出售；但是心怀远大目标的Sanele并没有动摇，而是仔细观察、认真学习如何做生意。万事俱备之后，他的自有品牌Tempracha应运而生。

我们第一次见面时，Sanele的设计工作恰好告一段落，他当时正在做自己的博客。我在书中用了一张他的照片，当时他说，"我觉得我就是写博客而生的"。他给我看他的设计作品，我告诉他千万不要停止设计。当他想要扩大规模、采用工厂生产的模式时，我说我的看法是如果他和他的团队能够继续延续手工定制的模式，他的品牌会更有潜力。这就是我们彼此的交往经过。

周围的一切事物都能在Sanele身上找到相应的印记。他特别提到没有音乐的话他无法进行创作，音乐也是生产过程中很重要的一环。材料也给他带来了很多灵感，也开启了他以购买材料为起始点的设计过程：不知道自己要设计什么，而是想象面料适合做成什么衣服。

从一开始，Tempracha就融入了独一无二的街头DNA。它是真实的，而且它体现在Sanele的审美、特长和信念之中。Sanele看待世界的角度十分独特，他知道什么方式有用，以及应该汲取哪些影响，在此基础上他再进行融合创作。他从小到大的成长环境既有全球性的街头文化，也有根深蒂固的南非文化。他设计的衣服则完美融合了这两种文化的特点。

本页：

Tempracha：彻头彻尾的新式非洲审美
系列展示，其中蕴含的强大生命力只可
能源自小镇这样的地方。

你第一次穿街头服饰是在什么时候？第一次接触街头或运动服饰是什么时候？ 你当时有什么反应？我第一次穿街头服饰时还在乌姆拉锡跳舞，当时想在跳舞上闯出一番名堂。我们那里舞蹈氛围很浓，主要形式就是Pantsula舞，我家街区那里有很多衍生出来的变体。跳舞的话服装很重要。舞团服装选得好能够吸引很多粉丝。当时年纪小买不起大牌，我和朋友们就买来Thrifter的衣服自己改。

你自己最喜欢的街头私服是什么？你喜欢它哪一点？ 棒球／运动服外套，也有人叫它飞行员夹克。我很喜欢它的设计剪裁，也是最常穿的单品。我14岁的时候就攒钱买了第一件。我有那种飞行员绿色搭配橘色缝线的款式。这种夹克非常百搭：可以精心搭配，也可以随便穿上就出门。

你的设计美学中有哪些南非的特质／影响？ 那可太多了，特别是祖鲁人（Zulus）对细节非同一般的重视。每一处边缘、每一种颜色都不放过。你umbla-selo这种裤子，上面用到了很多颜色鲜艳的面料和缝边进行装饰。我很欣赏现代祖鲁服装文化的一点是他们会从能够接触到的一切文化中汲取养分，比如用轮胎做成的凉鞋izimbadada。最近Kenzo的时装秀上就展示了他们的鞋。这就是非洲人：用手头仅有的东西做出很棒的作品。这也是为什么我依然坚信要限制材料、突出创造性。

对你影响最大的艺术家或设计师是谁？ 在我成长的那段时期，没受到谁的影响，因为我从没接触这类人的机会。我就是单纯喜欢，然后就去做了，而且从没放弃过。我没看过什么时尚博客或电视。对我有影响的都是我每天在街上看到的日常生活，以及我喜欢的文化。现在，我很崇拜Christopher Kane，特别是他在创意和剪裁上的功力。

你是如何为自己的第一个系列筹措资金的？ 对我来说，钱这个问题真的比较棘手。之前，我做衣服就是为了养家糊口，这是我的谋生手段。后来要把它当成正经事业来做，我必须付出双倍的时间精力才能攒下一点钱。但是，我的第一个系列完完全全是我们一针一线做出来的。没有任何外包，就是自己做，这就省了一大笔钱。所以我可以很高兴地回答你：付出双倍的时间和努力。

街头服饰的未来在哪里？ 你认为它会向着什么方向发展？我喜欢现在街头服饰重新回到人们手中的状态。多年以来，大型零售商一直在瓜分我们的利润。但是互联网使我们能够独立卖货，大家也很喜欢这种独立个体的理念，这样一来我们这些设计师就成了专业的选择。所以我认为街头服饰回归到了它本来的领域"街头"，因为之前设计师只能先把衣服卖给大公司，然后再借助他们的手把衣服最终卖到消费者手中，这很没意思。现在的消费者精明多了。

互联网是否导致了街头服饰的同质化？各个国家的街头服饰是不是都开始出现千人一面的情况？ 没错，街头服饰开始变得单调了。所以我稍微调整了一下方向，在高级时尚领域寻求更多创意，尽管我并不喜欢那个风格。但是，街头时尚看起来就是Hypebeast、Supreme的样子，虽然我能感到有些品牌也在进行不断的试验、尝试，然而还是无济于事，还是千篇一律。我们好像忘记了时尚这种东西没有所谓的尝试一说，但我们生造出来这么一个东西，这点让我感觉很不好。

你希望自己的品牌在5年后发展到什么程度？有没有什么品牌是你想效仿的？ 我希望我的设计能够销往全球各地，打入知名精品店，赢得高端市场的认可。这些针脚背后都有自己的故事，我们希望人们能

防风服与帽衫的拼接款：剃光头发
的模特带着Tempracha的无檐小便
帽，造型灵感来自南非矿工。

够穿着它们，感受其中蕴含的爱与精湛做工。实话实说，我们曾经想成为另一个Supreme，但是现在（有了我们自己的故事）我们想要的是认同，把我们的故事推向全球市场：不断努力，直到世界为我们让路。

在我们开车离开乌姆拉锡的路上，脑海中一直翻涌的是消费现象泛滥成灾所昭示的影响。街头服饰源于叛逆和创伤，而如今我们这些消费者反而是手握权柄的一方。难道我们真的要袖手旁观，无动于衷地看着剥削工人的企业和资本家一步步发展壮大重复当年的历史，最终自食恶果吗？或者，我们用实际行动进行反抗，主动选择那些我们认为能够代表我们的品牌？

补充阅读

洛杉矶

"人们不敢出现在洛杉矶的高速公路上。"（People are afraid to merge
on freeways in Los Angeles），Less Than Zero开篇写道。
这部极具开创精神的小说寥寥数笔就写尽了这座世界上最为庞杂的城市。
从这里走出来的街头服饰品牌肯定深受尺寸（XXXL）的影响。早在2000年的
时候，纽约原创复古服饰商店Filth Mart（1038 N. Fairfax Ave.）
就通过Trash and Vaudeville进驻了进来。时间再推进一些，De La
Barracuda（7769 Melrose Ave.）和Undefeated（111 South
La Brea Ave.）都是推动街头服饰发展的先驱，是一定要打卡的地方。

纽约

街头服饰的发展犹如一场声势浩大的冒险，一切的起点就在这里：

要给纽约下一个定义，非Alife创始人，目前住在纽约的Rob Cristofaro莫属：

"Alife是一个新的标签，是为了把这些东西传递出去，用贴纸、T恤、杂志等

各种方式；我们几乎没花什么钱，但是效果简直炸裂。我们没有打广告，

一切都是自己手工完成的。如果我当时有很多钱去搞推广这类东西，

那更别提了……记住我们的最大目标——打碎，我们会在橱窗里贴广告，但是要坚持

没有预算的那种态度。这就是涂鸦的精神，老子天下第一，其他人统统滚蛋。

我们就是靠自己，其他人一个眼神都不给。这就是我们要做的。

我们才是纽约最绝的那批人。这就是Alife的目标。"

海法

Pilpeled是以色列最有影响力的街头服饰品牌/艺术家，
在Broken Fingaz Crew团队崛起的过程中发挥着不可或缺的作用。
他的老家在位于以色列北部的滨海小城海法，景色优美、风情独特。时至今日，
Broken Fingaz Crew推出的街头服饰品牌Ghostown依然在不断拓展
以色列的街头服饰市场。用他们的话说："我们致力于把扭曲的个人世界重新构建
为我们的艺术作品，多数表现为各种颜色、器官、和极度夸张的胖子和动物。
2000年左右以色列出现了涂鸦，我们是最早的那批创作者。一方面，
在这个被吉普赛文化统治的小城市里，我们很难接触到自己喜欢的东西；另一方面，
开创者那种白手起家的感觉给了我们更大的动力，也让我们有机会见证街头文化的兴起：
从当初的一文不名到今天被认为很酷。"

伦敦

尽管这本书以纽约市为开端，但是到了伦敦才进入正题。
想要列出伦敦街头文化领域的大佬，有太多因素和名人要考虑，
但是曾经在Ladbroke Grove路的253 Culture Shack里摆过摊的
Owen and G肯定有发言权。20世纪80年代末，他们拎着几个装运动器械的
大包飞到纽约进货，然后拿着满满几大袋子街头服饰回到英国来卖，就像ADZ。
德国的4 Star General可能消失很久了，但这里是唯一能够买到
Public Enemy、NWA和EPMD夹克的地方。他们也为后来Patta这样的
传奇品牌铺平了道路。Patta伦敦分店的地址是SoHo（6 Silver Place）。

巴黎

La MJC、Colette、Kool Kats（现为 Club 75）、The Lazy Dog 和
Young Gunz 等如雷贯耳的名字为当时巴黎亚文化街头风格的成形做出了
巨大贡献，在价格固化的左岸餐厅、香榭丽舍大街（Champs-Élysées）和
埃菲尔铁塔等传统热门景点的老套审美之余，带来了丰富精彩的别样选择。
然而，时间的脚步不会为任何人停留，全球街头服饰行业也难免陷入踏上时尚圈的
老路，陷入裹足不前的境遇，然而巴黎的光华将丝毫不减、永远盛放。

柏林

在过去20年间，柏林是所有城市青年最想游玩的城市之一；未来也必将如此，
直到有钱人用高昂的生活成本迫使所有艺术家和波西米亚文化创作者（bohos）
离开这里。涂鸦和街头艺术（近期才被法律禁止）在街上随处可见Kreuzberg、Fried-
richshain和Prenzlauer Berg等区域是街头生活的典型代表。
年轻人在这里释放过剩精力，餐厅、旅馆和酒吧数不胜数。柏林同时也是
大型时尚展会的举办地，这将会导致全球时尚同质化的进一步加剧。
目前，位于Kreuzberg的Overkill shop（195A Köpernicker Str.）
是唯一值得一逛的店。

东京

原宿（Harajuku）是东京地铁原宿站的周边区域。每到周日，大批年轻人
（主要为女性）都会在神宫桥（Jingu Bashi bridge）附近逛街休闲。
她们的着装风格自成一派，多被称为"原宿风"，还可以进一步细分为
萌系（Kawaii）、哥特萝莉（Gothic Lolita）、视觉系（Visual Kei）、Decora、Cosplay、朋克
（Punk）和Nu-Rave。作为购物区，这里既有高级定制和
主流设计师品牌，比如Louis Vuitton、Gucci和Prada，也有原宿本土
设计师品牌、更便宜的店铺以及面向儿童的摊位。从周一到周六，街上到处是穿着
商务套装的上班族和购物者，但是周日则截然不同。Bape和Undercover的
门店位于街区后面的街道（Ura-Hara），周围的区域（也被称为"Ura-Hara"）
也有着鲜明的风格：男性占绝对多数，着装多为更加硬派的嘻哈、涂鸦和滑手风格。如果说
Harajuku是阳，那么Ura-Hara就是阴，更多表现为地下活动和文化。

约翰内斯堡

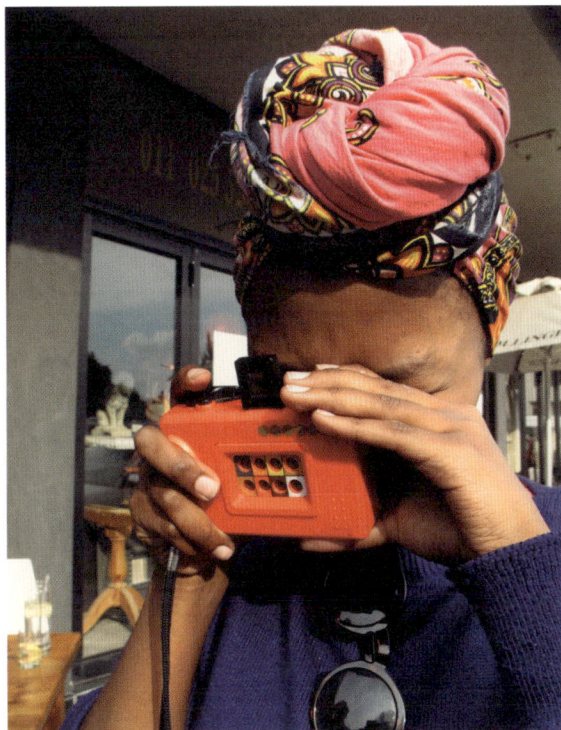

如果街头服饰的兴起曾让某座城市重新焕发生机，那一定是南非约翰内斯堡。
市中心Braamfontein从无人区的地方变成了今天时尚人士的天堂。更重要的是，规模较小
的商店和新兴设计师，比如索韦托（Soweto）的Thesis
（173 Machaba Drive, Mofolo村），在这里的发展起到了切实成效。
Thesis的所有工作都是多方合作的成果。美国嘻哈乐队Public Enemy在南非的
时候，在周六晚上演出结束后听说了Thesis的事情，
第二天就来到Thesis所在地方，举办了一场即兴演出。

参考书目

Benson, Richard (ed.), *Night Fever, Club Writing in the Face 1989–1997*, Boxtree, 1997.

Birnbach, Lisa, *The Official Preppy Handbook*, Workman Publishing Co., 1980.

Brydon, Anne, and S. A. Niessen,*Consuming Fashion: Adorning theTransnational Body*, Berg, 1998.

Elms, Robert, *The Way We Wore: A Life in Threads*, Picador, 2005.

Gelder, Ken, *The Subcultures Reader*, Routledge, 2005.

Hall, Stuart, 'What is This "Black" in Black Popular Culture?' *Social Justice*, Spring-Summer, vol. 20, n1–n2, 1993.

Hall, Stuart, and Jefferson, Tony (eds), *Resistance Through Rituals: Youth Subcultures in Post-War Britain* (Cultural Studies Birmingham), Routledge, 2006.

Hayashida, Teruyoshi, *Take Ivy*, Powerhouse Books, 2010.

Hebdige, Dick, *Subculture: The Meaning of Style*, Routledge, 1979.

hooks, bell, *Black Looks: Race and Representation*, Routledge, 2014.

Manandhar, Nina, *What We Wore: A People's History of British Style*, Prestel, 2014.

Marsh, Graham, and J.P. Gaul, *The Ivy Look: Classic American Clothing – An Illustrated Pocket Guide*, Frances Lincoln, 2010.

Marx, David W., *Ametora: How Japan Saved American Style*, Basic Books, 2015.

Polhemus, Ted, *Street Style*, PYMCA, 2010.

Reynolds, Simon, *Energy Flash: A Journey Through Rave Music and Dance Culture*, Faber & Faber, 2013.

Robb, John, *Punk Rock: An Oral History*, Ebury Press, 2006.

Romero, Elena, *Free Stylin': How Hip Hop Changed the Fashion Industry (Hip Hop in America)*, Praeger, 2012.

Root, Regina A., *The Latin American Fashion Reader*, Berg, 2006.

Rose, Tricia, *The Hip Hop Wars, What We Talk About When We Talk About Hip Hop – and Why It Matters*, Basic Civitas Books, 2008.

Rubinstein, Ruth P., *Dress Codes: Meanings and Messages in American Culture*, Westview, 2001.

Savage, Jon, *England's Dreaming*, Faber & Faber, 2005.

Sims, Josh, *Cult Streetwear*, Lawrence King, 2010.

Thornton, Phil, *Casuals: Football, Fighting and Fashion – The Story of a Terrace Cult*, Milo Books, 2003.

Thornton, Sarah, *Club Cultures: Music, Media and Subcultural Capital*, Polity, 1995.

Tulloch, Carol, *The Birth of Cool: Style Narratives of the African Diaspora*(Materializing Culture), Bloomsbury Academic, 2016.

Tulloch, Carol, *Black Style*, V&A Publications, 2005.

Webb, Iain R., *As Seen in BLITZ: Fashioning '80s Style*, ACC Editions, 2014.

注释

街头服饰的定义
1. See Elena Romero, *Free Stylin': How Hip Hop Changed the Fashion Industry*, Praeger, 2012.

往事
1. As told to *Business Insider*, 12 February 2012.

朋克
1. See Julie Burchill and Tony Parsons, *The Boy Looked At Johnny: The Obituary of Rock and Roll*, Pluto Press, 1978.

学院风
1. See Tommy Hilfiger, *Tommy Hilfiger*, Assouline, 2010.
2. global.ralphlauren.com

嘻哈风
1. *New York Magazine*, 5 June 1989, p. 25.
2. Elena Romero, *Free Stylin'*, op. cit., p. 51.

便装派
1. Phil Thornton, *Casuals: Football, Fighting and Fashion – The Story of a Terrace Cult*, Milo Books, 2003, p. 10.

电音风
1. See Robert Elms, *The Way We Wore: A Life in Threads*, Picador, 2005.

图片版权

a = above, b = below, c = centre,
l = left, r = right

2 Photo by King ADZ; 6 Courtesy Lucille Lewin; 8–9 Courtesy Lucille Lewin; 10 Photo by King ADZ; 12 Polaroids by Mark Wigan; 13 Authors' collection; 15 Authors' collection; 16 David Dobson/Stüssy; 18-19 Semuel Souhuwat/Patta; 21 Ben Benoliel/ Nigel Cabourn; 22 Bettmann Archive/ Getty Images; 25 Courtesy Stüssy; 27 (a & br) Courtesy Document, (bl) Courtesy Tempracha; 28 (a) Stüssy/ King ADZ, (b) Courtesy Hood by Air; 30 Courtesy Crooks & Castles; 31 Mambu Bayoh/òL New York; 34 (a) Paul Hartnett/PYMCA/Rex Shutterstock, (b) Courtesy 2Bop; 35 (al) Warner Bros./Rex/Shutterstock, (ar) Courtesy Unknown Union, (b) Courtesy 2Bop; 36 Photo Alpha Industries; 37 Photo by Jocks & Nerds; 38 (l) Courtesy Alpha Industries, (r) NARA; 39 (a) Paul Hartnett/PYMCA/ Rex Shutterstock, (b) Melodie Jeng/Getty Images; 40, 41, Courtesy Juun.J; 42 Photo Adidas; 42–43 Simon Wheatley/ PYMCA/Photoshot; 44 Ewen Spencer; 45 Photo Fred Perry; 46 Courtesy Carhartt; 47 Dexter Navy/òL New York; 48–49 Photo Tommy Hilfiger; 50 Sacha Maric/ Wood Wood; 51 Photo by King ADZ; 52–3 Photo by Aimee Pozniak; art direction by Jana & Koos; 54 Courtesy Nike; 55 Jessup Deane/òL New York; 56–57 Petrovsky & Ramone/Patta; 58 Photo Ralph Lauren; 58–59 Courtesy Lacoste; 59 (ar) Courtesy Preen by Thornton Bregazzi, (b) Transcendental Graphics/Getty Images; 60 Courtesy Carhartt; 61 (al) Courtesy Bibi Chemnitz, (ar) Courtesy Bape, (bl) Courtesy òL New York, (br) Courtesy Ghostown; 62 Photo Vans; 63 Melodie Jeng/Getty Images; 65 Photograph © Pennie Smith; 66 Courtesy BLK DNM; 67 Viviane Moos/Corbis via Getty Images; 68 (al) Stephanie Chernikowski/Michael Ochs Archives/ Getty Images, (c) Photo Converse, (bl) Courtesy Acne Studios, (br) Authors' collection; 70–71 Roberta Bayley/ Redferns/Getty Images; 72 (l) Sipa Press/Rex/Shutterstock, (r) Getty Images; 73 Karen Petersen/Everett Collection/

Mary Evans; 74 Courtesy Broken Fingaz; 75 Guy Pitchon/ Pilpeled; 76 Mike Hollist/ Daily Mail/ Rex/Shutterstock; 79 (al) David Dagley/Rex/Shutterstock, (ar) Sheila Rock/Rex/Shutterstock, (b) Elisa Leonelli/ Rex/Shutterstock; 80 (al) Dezo Hoffmann/ Rex/Shutterstock, (ar) Photo by King ADZ, (bl) Nils Jorgensen/Rex/Shutterstock, (br) Eugene Adebari/Rex/Shutterstock; 82–83 Peter Marlow/Magnum Photos; 85 Chris Steele-Perkins/ Magnum Photos; 86 Photo by King ADZ; 87 Photo by King ADZ; 88 Richard Braine/PYMCA/Rex/ Shutterstock; 89 Ray Stevenson/Rex/ Shutterstock; 90 B. Anthony Stewart/ National Geographic/Getty Images; 92 B. Anthony Stewart/National Geographic/ Getty Images; 93 Topfoto; 94–95 Yale Joel/Time & Life Pictures/ Getty Images; 96 J. Baylor Roberts/ National Geographic/Getty Images; 97 The Asahi Shimbun via Getty Images; 98 (al) Photo Lacoste, (ar) Peter Stackpole/The Life Picture Collection/ Getty Images, (cl) Photo Bass, (bl) Constantine Manos/Magnum Photos, (br) Photo Levi Strauss & Co.; 100 Peter Stackpole/The Life Picture Collection/Getty Images; 101 Sacha Maric/Wood Wood; 103 (al) Photo Tommy Hilfiger, (ar) Photo Ralph Lauren, (br) Courtesy Alife; 104 Lynne Sladky/AP/Rex/Shutterstock; 105 Photo Tommy Hilfiger; 106 Janette Beckman/ PYMCA/Photoshot; 108 Gene Kappock/ NY Daily News via Getty Images; 109 (a) Janette Beckman/PYMCA/Photoshot, (bl) Janette Beckman/Getty Images, (br) Authors' collection; 110 Janette Beckman/ Getty Images; 111 Paul Natkin/Wireimage/Getty Images; 112 Raymond Boyd/ Getty Images; 113 (al) Courtesy Edwin 'Phade' Sacasa, (ar) Janette Beckman/ Getty Images; 114 Courtesy Stüssy; 115 Courtesy Steve Barron; 116 Courtesy 40 Acres and a Mule/Spike's Joint; 117 Rose Hartman/Getty Images; 118–19 Ricky Powell; 120 Ricky Powell; 122–23 Lawrence Watson/PYMCA/Photoshot; 124 Igor Boyko/Sputnik/Topfoto; 125 Janette Beckman/PYMCA/Photoshot; 127 (al) Courtesy òL New York, (ar) Normski/ PYMCA/Rex/Shutterstock, (bl) Courtesy

Carhartt, (br) Courtesy Stüssy; 128 Dave Allocca/StarPix/ Rex/Shutterstock; 131 Courtesy Cross Colours; 132 (l & ar) Yuki Haze, (br) The Life Picture Collection/ Getty Images; 135, 136, 139, 140-41, 143 Courtesy Eli Morgan Gesner; 144 Mark Leech/Offside; 146–47 Mark Leech/Getty Images; 149 (a) Steven Farrar/Simon Gosling, (bl) Ian Fletcher, (br) Wugie; 150 (al) David Corio/PYMCA/Rex Shutterstock, (ar) Jon Ingledew/PYMCA/ Rex Shutterstock, (b) David Corio/PYMCA/ Rex Shutterstock; 151 Ian Berry/ Magnum Photos; 152–53 Professional Sport/ Popperfoto/Getty Images; 154 (al) Photo Lacoste, (ar) Photo by Boost One, (bl) Courtesy ASOS; 156 Photo by Boost One; 157 Ben Benoliel/ Nigel Cabourn; 158 David Swindells/ PYMCA/Rex/Shutterstock; 161 (a) Graham Smith, (b) Robert Rosen/ Rex/ Shutterstock; 162 Brendan Beirne/ Rex/Shutterstock; 164 (a) Sheila Rock/ Rex/Shutterstock, (b) Paul Hartnett/PYMCA/Rex/Shutterstock; 165 Dave Hogan/ Hulton Archive/Getty Images; 166 Waring Abbott/Getty Images; 167 Paul Hartnett/ PYMCA/ Rex/Shutterstock; 168 (al) Peter J Walsh/PYMCA/Rex/Shutterstock, (ar) David Swindells/PYMCA/Rex/ Shutterstock, (b) Peter J Walsh/ PYMCA/Rex/ Shutterstock; 170 Gabor Scott/Redferns/ Getty Images; 171 Ted Polhemus/PYMCA/Rex/ Shutterstock; 172 (al) Courtesy Drink Beer Save Water, (ar & bl) Courtesy Stüssy, (br) Courtesy Carhartt; 174 David Swindells/PYMCA/Rex/ Shutterstock; 177 David Swindells/ PYMCA/Photoshot; 179, 181, 182–83 Courtesy Mark Wigan; 184 Egizio Fabbrici/Mondadori Portfolio; 186 Mondadori Portfolio; 187 Mondadori Portfolio; 188 Mario Notarangelo/ Mondadori Portfolio; 190–91 Egizio Fabbrici/Mondadori Portfolio; 192 Fotogramma; 193 Fotogramma; 195 Jah Spike/Stüssy; 197, 198, 199, 200, 201, 203, 204, 206–7, 208, 209, 210, 211, 212, 213 Courtesy Stüssy; 214 Photo by King ADZ; 217 Photo by Bill Thomas; 218 Photo by King ADZ; 220 (l) Photo by Guy Pitchon, courtesy Pilpeled, (ar & br) Courtesy Supreme; 223 Photo

致谢

by Bill Thomas; **224** Courtesy Powell Peralta; **225** (ar) Courtesy Powell Peralta, (bl) Courtesy SHUT Skates, (br) Photo by King ADZ; **227** Dennis Stock/Magnum Photos; **228–29** johnwitzig.com.au; **230** (a) Burt Glinn/Magnum Photos, (bl) Thomas Hoepker/Magnum Photos, (br) johnwitzig.com.au; **232** (a) Courtesy Staple, (bl) Courtesy Op, (br) Courtesy Obey; **233** (a) Courtesy Ghostown, (bl) Courtesy Carhartt, (br) Courtesy Obey; **234**, **237** Courtesy Carhartt; **239** Neale Haynes/Rex/Shutterstock; **240** (al) Alex Majoli/Magnum Photos, (ar) Kip Rano/Rex/Shutterstock, (b) Neale Haynes/Rex/Shutterstock; **241** (a) Martin Parr/Magnum Photos, (bl) Alex Majoli/Magnum Photos, (br) Newsha Tavakolian/Magnum Photos; **242** Allan Tannenbaum/Getty Images; **245** (al) Smith Collection/Gado/Getty Images, (ar) Eve Arnold/Magnum Photos, (b) Henryk T. Kaiser/Rex/Shutterstock; **246** (a) Richard Braine/PYMCA/Rex/Shutterstock, (bl) Denis Cameron/Rex/Shutterstock, (br) Sannier/PYMCA/Rex/Shutterstock; **248** (a) Courtesy 2Bop, (b) Courtesy Obey; **249** (al) Courtesy Unknown Union, (ar) Courtesy Deputy & Luxembourg, (bl) Courtesy Alife, (br) Talaya Centeno/Penske Media/Rex/Shutterstock; **251**, **252**, **255** Courtesy Obey; **256** Courtesy Astrid Andersen; **259** Xander Ferreira/2Bop; **260** (al) Courtesy Simon and Mary, (ar) Courtesy Staple, (b) Courtesy Crooks & Castles; **263** Courtesy Adam Bryce; **265**, **266**, **267** Courtesy Astrid Andersen; **269**, **270** (l & r) Photos by Adam Bryce; **272** Photo Francis Kokoroko; stylist Daniel Quist; **275** Violette Esmeralda/Patta; **276** (a) Him Rinkles/Patta, (b) Vincent van de Waal/Patta; **277** Karen Rosetsky/Patta; **278** Courtesy Jilted Royalty; **279** Courtesy Document; **281** (al) Courtesy F**king Rabbits, (ar) Courtesy Tempracha, (bl) Courtesy Yevu, (br) Courtesy Demo Division; **285** Photo Demo Division; **286**, **287** Courtesy Simon and Mary; **289**, **291** Courtesy Tempracha; **292**, **293**, Photos by King ADZ; **294** Photo by Broken Fingaz; **295** Photo by Brad Downey; **296**, **297**, **298**, **299** Photos by King ADZ.

Every attempt has been made to contact copyright holders. In the event of any omissions, the publisher will be pleased to add a credit to any subsequent reprint.

Peace+Love to everyone who has got up on this four-year project. There are way too many to thank as we will inevitably forget some fucker. PS By the time you're reading this something else may be fashionable, but it will reference something that has already passed. More than likely, it will be something we've documented in the pages of this book.

图书在版编目（CIP）数据

这不是时尚：街头服饰的过去、现在和未来 /（英）金·
ADZ（King ADZ），（英）威尔玛·斯通（Wilma Stone）
著；周义译. -- 重庆：重庆大学出版社，2022.1
（万花筒）
书名原文：This is Not Fashion：Streetwear Past,
Present and Future
ISBN 978-7-5689-2791-8

Ⅰ.①这… Ⅱ.①金… ②威… ③周… Ⅲ.①服装—
品牌—文化史—世界 Ⅳ.①F768.3
中国版本图书馆CIP数据核字（2021）第116354号

这不是时尚: 街头服饰的过去、现在和未来
zhe bushi shishang:Jietoufushi de guoqu、xianzai he weilai
〔英〕金·ADZ（King ADZ）〔英〕威尔玛·斯通（Wilma Stone） 著
周 义 译

责任编辑: 张 维
责任校对: 夏 宇
书籍设计: M^{oo} Design
责任印制: 张 策

重庆大学出版社出版发行
出版人: 饶帮华
社址:（401331）重庆市沙坪坝区大学城西路21号
网址: http://www.cqup.com.cn
印刷: 北京利丰雅高长城印刷有限公司

开本: 850x1168mm 1/16 印张: 19 字数: 537千
2022年1月第1版 2022年1月第1次印刷
ISBN 978-7-5689-2791-8 定价: 199.00元